Sveta knjiga Maja
POPOL VUH

Ćak Mul (Crveni tigar), iskopan na Visoravni orlova

Crvena kuća, primer majanske arhitekture

Sadržaj

Dedovi 7
Magi 44

Pogovor (Jelena Galović) 115

Deo maske sa istočnog krila palate Labna

Hram II, u Tikalu (Gvatemala)

Dedovi

Kadionica za tamjan, grnčarija

Tada nije bilo ni ljudi, ni životinja, ni drveća, ni kamenja, nije bilo ničega. Sve je bio jedan napušten nepregledni predeo. Iznad dolina bio je nepokretan predeo, tako da je na haosu počivalo ogromno more. Ništa nije sjedinjeno, ni nastanjeno. Ono dole nije bilo slično onome gore. Nijedna stvar nije bila čvrsta. Jedino se osećala gluva mirnoća vode, izgledalo je da se survava u ponor. U tišini mraka živeli su bogovi: Tepeu, Gukumac i Uragan, čija imena čuvaju tajne stvaranja, postojanja i smrti zemlje i bića koja je nastanjuju.

U mraku bogovi se porazgovoriše, otkrivajući svoja osećanja, i dogovoriše se o onome što treba da čine.

Razmisliše o tome kako da stvore svetlost koja će primiti ukus večnosti. I nastade svetlost u grudima nerođenog. Posmatrali su tako prvobitnu prirodu života rođenu u utrobi nepoznatog. Milostivi bogovi videli su postojanje bića koja će se roditi, i zato rekoše:

– Bilo bi dobro kad bismo ispraznili zemlju i uklonili vodu iz nižih predela, da bi se mogla obrađivati. Na njoj će se žetva oplođavati rosom iz vazduha i podzemnom vlagom. Drveće će rasti, rascvetavaće se, rađaće plodove i bacaće seme. Požnjevene plodove će jesti bića koja ćemo stvoriti. Uvek će imati istu prirodu kao njihova hrana. Umreće onog dana kad se od nje otuđe.

Tako je rešeno pitanje postojanja polja na kojima će živeti nova bića. Onda se pojaviše oblaci koji su ispunili prostor između neba i zemlje. Između oblaka i površine vode pojaviše se brda i planine koje se i danas vide. U dolinama izrastoše čvrsti čempresi, borovi, hrastovi i topole. Iz sočnih šuma širio se gorak i sladak miris. Zatim se ukazao put koji odvaja suv prostor od vlažnog.

Kad su videli ono što su stvorili, bogovi rekoše:

– Završeno je prvo stvaranje, i čini nam se lepo.

Zaželeše da odmah završe delo koje su sebi stavili u zadatak. Onda rekoše:

– Nije dobro da drveće raste samo, okruženo senkama; potrebno je da ima čuvare i sluge.

Odlučiše da ispod grana i pored stabala, ukorenjenih u zemlju, stvore divlje zveri i životinje koje su poslušale zapovest bogova, ali su ostale nepokretne na mestu svog rođenja, kao da su slepe i neosetljive. Lutale su bez reda i pravca, sudarajući se sa stvarima na koje su nailazile. Videći to, bogovi rekoše:

– Ti, zveri, i ti, životinjo, pićete iz reka; spavaćete u pećinama; hodaćete četvoronoške pognutih glava i, kroz izvesno vreme, vaša će leđa služiti za nošenje tereta. Svemu tome se nećete odupirati, niti pokazivati znake otpora ni umora. Ti ćeš, ptico, živeti na drveću i letećeš vazduhom, dodirivaćeš prozračnost neba, doći ćeš do predela oblaka i nećeš se bojati da padneš. I tako ćeš se razmnožavati a tvoji mladunci i mladunci tvojih mladunaca činiće isto, sledeći u svemu tvoj primer i tvoju ljupkost.

Zveri, životinje i ptice poslušale su ono što je zapoveđeno. Prve su potražile pećine, druge pašnjake, a ptice su, među granama, napravile svoja gnezda.

Kad su se ova stvorenja smirila na mestima koja su im po prirodi odgovarala, bogovi se ponovo posavetovaše i rekoše:

– Svako razumno stvorenje mora biti prilagođeno svojoj prirodnoj sredini, ali nijedno ne treba da živi u tišini, jer je tišina pustoš, tuga i smrt.

Zatim, glasom koji se prolomio kroz prostor kao grom, jedan od bogova pozva ih i reče im:

– Sada, svako prema svojoj vrsti, treba da kažete naša imena, kako bi znao ko vas je stvorio i ko vas održava u životu. Zovite nas i mi ćemo doći da vam pomognemo.

Tako je i bilo.

Ali ovi ne progovoriše; zapanjeni nisu znali šta da rade. Bili su nemi, kao da su im u grlu zastali razgovetni glasovi. Znali su da viču onako kako je bilo svojstveno vrsti kojoj su pripadali. Videvši to, bogovi, tužni, rekoše jedni drugima:

– To nije dobro, i moraće brzo da se popravi, pre nego što bude nemoguće da se učini nešto drugo.

– Zato što niste znali da govorite kako vam je zapoveđeno, imaćete drukčiji način života i drukčiju hranu. Nećete više živeti u prijatnoj zajednici; svako od vas bežaće od svog bližnjeg, plašeći se mržnje i gladi, i skrivaće svoju nespretnost i strah. Tako ćete činiti. Znajte još: Zato što niste kazali ko smo mi, niti ste toga bili svesni, zato što ste bili nerazumni, vaše će meso biti raskomadano i pojedeno. Zlostavljaćete se međusobno i ješćete jedni druge, bez gađenja. Takva će biti vaša sudbina, jer mislimo da je tako pravo.

Čuvši to, nesvesna stvorenja osetiše se prezrena i poželeše da povrate nadmoć koju su ranije imala. Smešnim naporom pokušavali su da progovore.

U ovom pokušaju bili su takođe nespretni, jedino su im krici izlazili iz grla. Nisu čak uspevali ni međusobno da se razumeju; još manje su mogli da odustanu od sporazuma s bogovima. Onda ih bogovi prepustiše sudbini, da se bore u korovu i prljavštini. Bili su utučeni, trpeći presudu koja im je izrečena. Uskoro će biti progonjeni i žrtvovani; tela će im biti raskomadana, skuvana, i pojedena od ljudi višeg razuma koji će se roditi.

Bogovi su zamislili nova bića sposobna da govore i da skupljaju hranu u pravi čas, posejanu i izniklu iz zemlje. Zato rekoše:

– Šta da učinimo da nas nova bića koja ćemo stvoriti zovu po imenu i da nas razumeju, jer je pravo da nas prizivaju kao svoje tvorce i bogove? Podsetimo se da prva bića koja smo stvorili nisu znala da se dive našoj lepoti i da nisu primetila naš sjaj. Da vidimo, konačno, da li ćemo moći da stvorimo bića pogodnija za ostvarenje naših namera.

Pošto su ovo rekli, počeli su da stvaraju, od vlažnog blata, tela novih bića koja su zamislili. Pažljivo i postepeno su ih oblikovali, ne zanemarujući pojedinosti. Kada su završili, shvatili su da, na žalost, nisu uspeli jer su bili samo gomila crnog blata, sa uspravnim i ukočenim vratom, bezubih usta, širokih i iskrivljenih, sa slepim, bezbojnim i praznim očima, postavljenim nevešto, na različitoj visini sa obe strane lica, blizu slepoočnica. Videli su, sem toga, da ove lutke nisu mogle da stoje na nogama, da su padale i rastvarale se u vodi. Ali nova bića bila su obdarena rečima. Njihova reč skladno je zazvučala kako muzika nikad nije zazvučala ni zatreperila pod nebom. Lutke su progovorile, ali nisu bile svesne šta govore; nisu znale značenje svojih reči. Videvši to, bogovi rekoše:

– Živeće bez obzira na sve, dok ne stvorimo bolja bića; živeće dok ne stvorimo one koji će ih zameniti. Dotle ćete se boriti da se razmnožavate i poboljšavate svoju vrstu.

Tako se dogodilo. Bogovi su tužno posmatrali ova krhka bića koja su se udaljavala, i rekoše:

– Šta da uradimo da bismo stvorili nova bića koja će stvarno biti nadmoćnija, koja će slušati, govoriti, razumeti ono što kažu, zvati nas i znati šta smo i šta ćemo uvek biti?

Ostaše tako u tišini i razmišljanju dok su se strašna priviđenja kretala kroz noć. Tada je blesak munje osvetlio svest novog stvaranja.

Nova bića stvorena su od drveta da bi mogla da hodaju uspravno i čvrsto na zemlji.

Stvorene statue izgledale su kao pravi ljudi; skupljali su se u grupe i parili se, rodiviši, posle nekog vremena, decu. Ali u međusobnim odnosima pokazali su da nemaju srca. Nisu razumeli da su bića koja su na zemlji došla voljom bogova. Hodali su šumama i stazama na padinama brda; kružili su oko korita reka i verali se po krošnjama visokog drveća. Išli su usamljeni, bez pravca i cilja. Stalno su se saplitali i skoro padali. Kad bi pali, nisu se više dizali. Umirali su u blatu. U svojoj gluposti nisu znali svoje poreklo, ni mesto gde su se nalazili, ni put kojim su išli. Lutali su kao besmislena bića. Bili su živi mrtvaci. I pošto ni posle dužeg vremena nisu shvatili ko su bogovi, pali su u njihovu nemilost. Govorili su, znali su šta govore, ali u njihovim rečima nije bilo ni izraza ni osećanja. Osim toga, pošto nisu imali osetljivo srce, ni brze noge, ni jake ruke, ni creva za probavu, postali su suvišni. U svom neznanju nisu shvatili prisustvo bogova, očeva i gospodara onoga što diše i sazreva. Živeli su nekoliko generacija prevareni krutošću i sebičnošću svojih duhova. Sudbina je htela da ne budu bolji od bića koja su prethodno bila kažnjena. Kada su govorili, primećivalo se da u zvuku njihovih reči nije bilo razuma i reda. Njihova smeđa lica, boje zemlje, ostajala su nepokretna, ukočena. Zbog sporosti, izgledali su glupi. Zato su bili osuđeni na smrt. Kada su najmanje očekivali, pala je na njih kiša od pepela koja je pomračila njihova tela. Pepeo je pao na njih, si-

Dedovi

lovito i snažno, kao da ga je besno bacila čvrsta ruka odozgo. Bogovi su zatim naredili da voda preplavi zemlju, da padne na sve strane u ponore i provalije i da se digne do stena i planina, preko njihovih vrhova i da dodirne rub oblaka. Tako se i desilo. Ovaj potop, koji je trajao nekoliko meseci, sve je uništio. Tada su bogovi napravili nova bića od prirodnije materije. Od rogozine je napravljen čovek, od šaše žena; ali ni ova bića nisu odgovarala očekivanjima tvoraca. Zato je ptica Hecotcovah pričvrstila svoje kandže na zemlju i iskopala ovim bićima oči kljunom. Zatim je došao divlji mačak Cotzbalam, ratrgao njihova tela, iščupao im vene, oglodao kosti, ostaviviši od njih samo iverje. Zatim su došle druge zveri, ne manje okrutne, i pojele ostatke. Odmah zatim, zemlja se zamračila velikom i strašnom tamom, kao da je na ono što je stvoreno pao gust plašt mraka. Usred ove pustoši, ispred preživelih koji su se borili u samrtnom očajanju, bez nade da će se spasti, pojavila su se mala bića, do tada nevidljiva. Razdraženi, vrišteći, puštali su ohole i strašne glasove. Onima koji su još bili živi rekoše:

– Morate nas čuti jer je tako pravo. Mislili ste da smo stvari bez duše. Tu ste se prevarili. Činili ste sve da što više patimo, ali smo se umorili od tolike sramote. Sada ćete biti strašno kažnjeni. Od danas pa nadalje, vaše meso će se jesti.

Mlinski kamenovi rekoše:

– Vi ste nas trošili; iz dana u dan, od jutra do mraka, strugali ste nas i oštrili. Uvek ste bili mlin koji melje na našim tvrdim i crnim stomacima. Stalno se čulo holi-holi i hugi-hugi od mase kukuruza koju ste mlatili pod našom rukom i na našim grudima i ramenima. Po nogama tekao nam je vlažan i smrdljiv talog. Takva je bila vaša zloba i naša patnja. Sve smo to podnosili strpljivo i tiho, jer smo mislili da ćete ceniti našu žrtvu. Ali kako smo se prevarili! Vidimo, posle toliko vremena, da to ne zaslužujete. Sada ćete osetiti našu snagu; mi ćemo se osvetiti, a vi ćete propasti.

Zatim su psi rekli:

– Koliko puta vašom greškom nismo okusili ni zalogaja, ni liznuli kosku, ni popili gutljaj vode, ni imali kutak sveže zemlje za spavanje, i mrtvi, od gladi i želje, iscrpljeni, isplaženog jezika, ostavljani smo kao otpaci na đubrištu kolibe! Izdaleka smo vas gledali očima punim straha i preklinjanja. Živeli smo šćućureni, drhteći, ako je uopšte život to što smo propatili vašom greškom. U vašem prisustvu jedva smo se držali na nogama. Kad smo vam se približili da vam onjušimo ruke, izbacivali biste nas grubim rečima ili udarcima noge. Još nas boli zadnjica i još su nam ranjava leđa. Vi ste se uvek, u svojim kućama i na svojim ognjištima, ponašali prema nama tako grubo i surovo. Glupaci, zar niste znali ono što se jednom moralo dogoditi? Ranije ili kasnije morao je doći čas kad će se sve to završiti. Sada smo pred vama: bezopasni ste, jedva možete da se branite. Želimo vašu propast. Moramo vas sada raskomadati i ubiti. To ćemo učiniti bez razmišljanja i sažaljenja. Uzaludno je da se branite. Znajte da nemate vremena za jadikovke. Odmah, vama za inat, osetićete snagu koju imamo u njuškama i nogama.

Šerpe rekoše:

– Činili ste da patimo paleći i dimeći naša usta, uši, trbuhe i vratove. Uvek ste nas držali na vatri i na žeravici. Od silne toplote, ispucala nam je koža. Ostavljali ste nas da se odmaramo na vrelom pepelu ili na žaru. Težak i beskrajan je bio naš rad. Niko se od vas nije na nas sažalio ili smilovao, ma šta da smo radili, pevali smo noću iz tamnih uglova kujne ili pored ognjišta u dvorištu. Niko nam nije poželeo mir i počinak, ni odmor ni utehu. Ali tom mučenju došao je kraj. Sada ćemo vas pojesti; ali, prethodno, mučićemo vas stavljajući vaša tela na žeravicu. Bićemo gluvi na vaša zapomaganja. Krčazi su rekli:

– Naneli ste nam mnogo bola. Ne želimo toga ni da se sećamo, jer se onda još više žestimo i ljutimo. Ali sada je došao čas naše osvete. Za vas je došlo teško vreme, jer će grad i vejavica pasti na vaša gola leđa.

Kad su ova nesavršena bića čula tolike optužbe, zapanjeni, uzdrhtali, skupiše se kao nežni klasovi kukuruza. Tako, stisnuti jedni uz druge, pobegoše odatle, kao da beže od kužnog mesta. Kako su umeli, zbunjeni, sudarajući se, popeše se na krovove kuća, ali grede i zidovi se srušiše; popeše se na drveće, ali se grane polomiše; uđoše u pećine, ali se kamenje obruši. Slepi od straha i besa okončaše ubijajući se međusobno oni koji već nisu umrli pod gredama koliba, ili polomljenih kostiju pod cvećem, ili koji nisu iskrvarili u pećinama. Mali broj onih koji nisu umrli pretvoriše se u majmune kao uspomenu na ništavnost svojih srca. Oni odoše odatle i izgubiše se u brdima, oživljavajući ih uzvicima. Zato su majmuni jedine životinje koje liče i upućuju na oblik prvobitnih ljudskih bića iz Kiće zemlje.

Bogovi se zatim ponovo sastadoše i razmotriše stvaranje novih razumnih bića, od krvi i mesa. Požurili su da to učine jer su ih morali stvoriti pre nego što svane. Zbog toga, videvši da se na horizontu pomalja nejasna i nežna svetlost, rekoše:

– Ovo je pravi čas da blagosiljamo hranu bićima koja će ubrzo naseliti ove krajeve.

Tako su učinili. Blagoslovili su hranu koja se gajila u ovim krajevima. Zatim, izgovoriše reči čiji se odjek širio kroz prostor svega stvorenoga, kao miris lavande koji je ispunio vazduh. Nije bilo stvorenja koje ga nije udahnulo. Ovo osećanje bilo je deo porekla čoveka. U trenutku kad se ovo dešavalo, sunce, mesec i zvezde samo što se ne pojaviše na nebu. Sa skrivenih mesta, čija se imena navode u hronikama, spustiše se do ovih predela Mačak, Lisica, Papagaj i Gavran. Ove životinje doneše vest da su klipovi žutog, ljubičastog i belog kukuruza izrasli i sazreli. Iste životinje pronašle su vodu koju će staviti u tkivo tela novih bića. Bogovi je staviše u zrna klipova kukuruza. Kada je sve to bilo obavljeno, klipovi su oljušteni i sa zrnevljem umočenim u bistru vodu, napraviše potrebnu tekućinu za stvaranje i za produžavanje života novih bića. Zatim su bogovi stvorili prirodu novih stvorenja. Od žute i bele mase napravili su i oblikovali trup, ruke i noge. Da bi im ulili snagu, stavili su u tu masu šašu. Tako su nastala samo četiri razumna bića. Kad su im tela postala celovita, s pokretnim udovima, i kad su počeli skladno da se kreću tražili su od njih da misle, govore, gledaju, osećaju, hodaju i pipaju ono što postoji i kreće se oko njih. Ubrzo su ispoljili razum kojim su bili obdareni, tako što su spoznali stvarnost koja ih je okruživala na način prirodnog ispoljavanja njihovog duha. Znali su takođe šta je pod nebom, šta se nalazi na zemlji i šta podrhtava u skrivenom prostoru u kojem je duvao vetar. Iako je površina zemlje još uvek bila tamna, videli su ono što je bilo nerođeno i tajanstveno. Odavali su znake mudrosti koju su, ako bi to želeli, saopštavali izdancima biljaka, stablima drveća, kamenu i vatri u šupljinama brda. Ova bića bila su Balam Kiće, Balam Akab, Mahukutah i Iki Balam.

Pošto su bogovi prisustvovali rođenju ovih bića pozvaše prvog i rekoše mu:

– Govori i kaži nam u svoje ime i ime drugih koji te prate: šta misliš o osećanjima koja te prožimaju? Da li je dobar i lak tvoj hod? Da li jasno vidiš? Da li je tačan i jasan jezik koji koristiš? Da li ćeš ga se uvek sećati? Da li razumeš sve što se ovde govori i predlaže? Ako je sve što radiš celovito, dozvoliće ti se da vidiš šta biva sa stvarima na koje deluje sila oplođavanja. Ako uspeš u tome, pokušaj da je skupiš i prisvojiš. Ako ne uspeš u tome, budi miran; ne pokreći se i pokušaj da te tvoja braća slede. Svako mora da okuša svoju moć.

Kad su ovo čula, nova bića shvatiše da su njihova čula savršena i poželeše da pokažu svoju zahvalnost. Da bi je pokazali, Balam Kiće, u ime svih, reče ovako:

– Podarili ste nam postojanje; zbog toga znamo ono što znamo i jesmo to što jesmo; zato govorimo i hodamo i znamo šta je u nama i izvan nas. Možemo da razumemo veliko i malo i čak ono što ne postoji i što nam je skriveno. Zapažamo gde počivaju i oslanjaju se četiri ugla sveta, koja ograničavaju ono što nas okružuje dole i gore.

Treba znati da bogovi nisu bili zadovoljni razmišljanjima koja su o sebi iznela, sa toliko iskrenosti, nova bića. Zato se bogovi porazgovoriše između sebe:

– Oni razumeju, rekoše – ono što je veliko i malo i znaju uzrok ove razlike. Razmislimo o posledicama koju ova činjenica može da ima u životnom toku. Snaga ove pronicljivosti biće škodljiva. Šta da učinimo da bismo ispravili opasnost koja će proizići iz tako očigledne delatnosti? Razmislimo o tome. Učinimo da nova bića upoznaju deo zemlje koja ih okružuje. Treba da im otkrijemo samo deo onoga što postoji. Neće upoznati sve, jer neće znati da razumeju značaj toga, a još manje da to dobro iskoriste. Prevariće ih tajna koju ima poredak u svemiru. Potrebno je ograničiti njihove sposobnosti. Tako će se smanjiti njihov ponos. Prestupi koje budu počinili biće manji. Ako ih ostavimo ovakve, njihova deca, znaće, bez sumnje, više od svojih očeva i doći će trenutak kad će razumeti isto što i bogovi. Zato moramo promeniti njihove želje i snove, da se ne zbune i uzohole pre no što se na horizontu ukaže jasnoća dana koji dolazi. Ako to ne učinimo, postaće u svom ludilu i stramputici isto ili čak i više nego mi. Sada je vreme da izbegnemo tu opasnost, koja bi bila kobna za plodni poredak stvaranja.

Da ova stvorenja ne bi živela sama, bogovi su stvorili druga, ženskog pola. Napravili su ih ovako kako se u nastavku priča. Uspavali su muškarce i dok su oni spavali stvorili su žene. Staviše ih nage pored muškaraca, mirne kao lutke od tesanog drveta. Kad se muškarci probudiše, ugledaše ih radosni jer, zaista, bejahu lepe. Kad ih videše tako vitke, kože sjajne i čiste i prijatnog mirisa, osetiše radost i zadovoljstvo i uzeše ih za prijateljice. Zatim, da bi ih razlikovali, dadoše im prigodna imena, koja su očaravala. Svako ime podsećalo je na kišu u različitim godišnjim dobima. Kad su se ovi parovi jednom videli sa zadovoljstvom i upoznali u intimnosti tela, rodiše nova bića koja su naseljavala zemlju. Mnoga od njih, nakon rođenja, postadoše vremenom ugledna i sposobna; ovladala su složenim veštinama, koje su uvek ostale tajna za običan svet. Zato ih bogovi, koji su prebivali u tami, izabraše za sveštenike koji ih obožavaju i žrtvuju im, što je poštovan posao koji ne odgovara svakome. Potomci su imali lepotu svojih majki i moć svojih očeva, i znali su da odgonetnu tajnu svog porekla.

Tako su Balam Kiće i drugi dedovi bili praoci ljudi koji su živeli i razvijali se u vremenima lutanja i naseljavanja plemena Kiće. Ne treba zaboraviti imena koja su spomenuta, ni poreklo onih koji su se kasnije rodili. Prvobitna bića razmnožila su se na zemlji koja se nalazi u pravcu Istoka.

Izvesno vreme živeli su mirno, ali su onda odlučili, iz nepoznatih razloga, da krenu u pravcu koji su označili kao smer „pećina i provalija". Napustili su mesto na kome su do tada živeli kao zatvorenici. Lutali su puzeći po planinama i brdima. Kad su prelazili vrhove podnosili su, u neiskazanom bolu hladnoću tih predela, jer se vatra koju su poneli sa sobom ugasila pod naletima vetra sa visina. Vatra im se u rukama pretvorila u pepeo i dim. To je bila sudbina i proba. Morali su da se zaustave. Bili su spremni da se vrate na mesto prvobitnog stanovanja, toliko je surovo bilo mučenje koje su podnosili zbog mećave sa visina. Videvši to, Balam Kiće, očajan, reče:

– Tohile, daj nam po drugi put vatru koju si nam jednom dodelio; daj nam je, jer moji ljudi umiru od zime.

Tohil, prvi put u toku lutanja, progovori:

– Ne žalosti se i ne očajavaj, jer ćete u svoje vreme imati vatru koju ste izgubili. Dotle, ti i tvoji ljudi budite strpljivi. Lišavanja koja trpite neće potrajati.

Balam Kiće je ove reči preneo svojim ljudima. Zatim, puni nade, ovi se okupiše. Da bi se zagrejali, trljali su se jedni o druge; trčali bez prestanka; udarali se rukama u grudi. Duvali su svoj dah u ukočena lica. Kad je Tohil, u tami u kojoj je obitavao, video ovo strpljivo podnošenje bola, udario je jednim kamenom kožu na svojoj sandali, i u istom trenutku, kresnula je iskra, zatim se pojavio sjaj i plamen vatre koja je blistavo zasjala. Videvši kako plamti uzeo ju je u ruke i dao Balam Kićeu da je razdeli među ljudima. Oni, koji su već umirali od hladnoće, primiše je puni radosti. Zagrejaše se; oživeše i dobiše snagu da slobodno dišu i nastave put.

Ubrzo potom, stigoše zaostala plemena. Odmah su zamolili vatru koju su izgubili. Bilo je žalosno videti ih i čuti. Njihovi ljudi bili su zgrčeni i ukočeni od hladnoće koju su trpeli i koja im je ledila kosti. Meso na telu im se otkidalo, pucalo i cepalo se, ispuštajući tečnost i gnoj. Noge su im bile u ranama koje su se otvarale pošto su išli po kamenju. Nisu mogli da govore, jer su im zubi cvokotali grizući jezik koji je krvario i ispadao im u komadima. Rekoše onima koji su već imali vatru:

– Ne prezirite nas što vas molimo da nam udelite vatru koju ste primili. Ako nam je ne udelite, umrećemo! Više ne možemo da podnosimo hladnoću koja nas pritiska!

Balam Kiće čuo je šta su govorili ovi ljudi, ali ih nije razumeo i naredio je da mu se približe. Kad ih je video ponizne pred sobom, viknuo je:

– Recite: kojim jezikom govorite? Odakle vam ti čudni glasovi koje ispuštate? Zar ne znate više jezik kojim smo svi nekada govorili u zemlji Tulan? Šta ste uradili s rečima koje smo znali i koje su nam ranije bile bliske i drage? U kakvu ste smutnju upali? Zašto nas gledate tako zapanjeno bez razumevanja i osećanja? Kao da ste nemi uprkos glasovima koje ispuštate.

Ovo je govorio ljutito, sa željom da ih zlostavlja. Da mu je bilo dozvoljeno, poubijao bi ih. Ovi su se već povlačili drhteći, kad se iznenada pojavi Tohilov izaslanik i reče:

– Znajte, domoroci i došljaci, da je Tohil naš bog. Onima koji imaju vatru kažem: nemojte je dati sve dok pridošla plemena ne kažu šta će za nju dati. To će biti pravična kazna za njihovu nemarnost zbog koje su, bez razloga, promenili jezik.

Izaslanik koji je ovo govorio, bio je visok i tamnoput i imao je na leđima blistava krila, kao slepi miš. Kada je rekao ono što su svi čuli i razumeli, pridošlice ponovo zatražiše vatru jer više nisu mogli da izdrže hladnoću, goli, skrivali su ruke pod pazuhom i cvileli kao pokisli miševi. Ponovo se obratiše dedovima:

Smilujte se našoj nesreći. Zar se nismo ranije zajedno skupljali pod istim drvećem, pijući iz iste tikve zajedničko piće? Zar nismo složno, bez zavisti, upalili, rasplamsali i uživali u vatri koju smo nasledili od naših predaka? Zašto smo izišli iz Tulana gde smo imali mir i radost i blažene snove u noćima koje su se ogledale u vodi jezera, ako treba toliko da patimo?

Ali ponovljeno im je pitanje:

– Čuli ste, šta ćete nam dati u zamenu za vatru koju ste izgubili i koju mi sada imamo?
Jedan od najbližih reče:
– Daćemo vam dragocene metale koje nosimo iz daljine iz naših starih kuća.
– Ne želimo ih.
– Onda, šta želite?
– Sačekajte, brzo ćete saznati šta želimo u zamenu za vatru.

Dedovi se odvojiše i na pogodnom i skrivenom mestu razgovarahu sa Tohilovom senkom (čije telesno obličje još nisu mogli da vide) te mu rekoše:
– Tohile, čuj nas i odgovori nam: šta bi bilo dobro da tražimo od pridošlica u zamenu za vatru koju toliko žele?

Tohil odgovori:
– Kada se oglase bubnjevi, da li će hteti da nam se dive, da nas obožavaju i da nam ponude, kao danak, svoje živote bez straha i odvratnosti? Ako prihvate ove uslove, recite im da ne oklevaju da daju svoj pristanak.

Dedovi su preneli Tohilov odgovor. Kad su pridošlice čuli uslove, bez oklevanja i ne procenjujući surovosti i iskušenja, viknuše srećni:
– Prihvatamo Tohila, smatraćemo ga bogom, obožavaćemo ga u skladu sa onim što je naređeno i podvrgnućemo se zahtevima njegovih žrtvenih sveštenika.

Pošto su to rekli, dobili su vatru koju su već rasplamsala plemena Balam Kićea. S vatrom koju su dobili, vratiše se mirnom životu, razumu i veselju. Bili su zadovoljni kao da nikada nisu patili. Zadovoljni, pevali su umilne pesme. Zadovoljstvo briše uspomene na patnju. Zatim zapališe mirišljavo drvo i ispiše sokove oporog voća. Kad je video toliku pokornost, Tohil nije više zahtevao žrtve koje je ranije tražio. Tek što su se ta plemena ogrejala na vatri, drugo pleme, poznato kao ratničko, drznulo se da je podmuklo i surovo uzme od ljudi koji su je već imali. Pleme koje se usudilo na tako nešto, živelo je pod zapovedništvom boga Ćamal Kana. Ovaj bog imao je oblik vampira sa zašiljenim i povijenim kandžama orla; uši kao miš a zube bele, dugačke i šiljate. To pleme bilo je čuveno po tome što nije znalo da traži ni moli bilo šta; ni hranu, ni postelju, ni zemlju ni senku drveta – sve su nasilno uzimali kao da je njihovo, ne zaustavljajući se pred otporom ili smrću protivnika i neprijatelja. Imali su, ipak, jednu vrlinu: zadovoljno i pokorno žrtvovali su robove koje su hranili u kavezima od trkse. Žrtveni sveštenici bučno su ih primili; ukrašavali su ih, a zatim, na raskošnoj i sjajnoj svečanosti, vadili su im utrobe. Iz svog zavičaja, ovo pleme, osim drugih dobrih stvari, donelo je običaj posta. Postili su u skladu s običajem čiji su znamen čuvali u tajnosti. U određene dane, označene u njihovom kalendaru, jeli su samo mrvice hleba i zrna kukuruza. Ništa nisu jeli u dane koji su bili tačno izračunati. Nikada nisu prekršili ovaj običaj, koji je vodio poreklo od vremena njihovog postanka. Krepili su se u samoći u kojoj su živeli. Bili su sposobni da posmatraju jutarnju zvezdu; njenom lepotom i sjajem tešili su se u patnjama. Njen znak naučio ih je da veruju u sudbinu koja im je bila predodređena. Zahvaljujući ovoj veri, mogli su, konačno, da čuju Tohilove reči, koje je ovaj govorio poslušnim i vernim plemenima:

– Čujte šta ću vam reći. Zbog istrajnosti koju ste dokazali, menjam zakon kome ste se morali pokoravati. Kao znak žrtve, krvarićete samo iz ušiju i laktova; činite to u dobrom raspoloženju i nasmejani; pokažite hrabrost preda mnom jer će vam kukavičluk više škoditi nego koristiti.

Tako se, dobrovoljno, pokorilo ovo razuzdano pleme. Spasla ih je vera koju su nosili u srcima. Otada ovim plemenima dodelio je Tohil blagodeti svoje moći i svog uticaja. Neizreciva radost ispunila je sva srca.

Uz pomoć bogova koji se pominju, napustiše planinske klance i kanjone u kojima su bili; spustiše se do predela sa kojih se videlo more o kojem su imali još nejasnu predstavu; napredovali su dalje prema jugu i došli do opasnih močvara i bara. Zbog toga Dedovi očajni rekoše:

– Tohile, ne ostavljaj nas; čuvaj nas; pokaži nam put koji samo ti poznaješ i kojim ćemo ići do obećane zemlje. Ne ostavljaj nas skrhane.

Kad su Dedovi smatrali da je to potrebno, najaviše drugi zastoj. Nalazili su se u neobičnoj i vrletnoj zemlji ali im je onemogućeno da u njoj ostanu duže, jer je bila puna provalija, jaruga i pukotina iz kojih su izlazile sablažnjive životinje koje su ispunjavale vazduh smradom, strahom i galamom. Voda na koju su naišli bila je prljava, vetrovi su oštro duvali. Grane su se savijale na ivicama razvaljenih puteva – mestima gde su nekad prolazile reke i bujice. Zbog toga, ne čekajući naređenje, napustiše ove krajeve u kojima se čovek može odmoriti. Tako su nastavili da pešače. Išli su zemljom kojom su prethodno već prolazili drugi ljudi. Napredovali su zavojitim putevima, punim šipražja. Prešli su predeo prostranih močvara punih otrovnih insekata koji su besno napadali prolaznike. Nisu se zaustavili sve dok Dedovi nisu naredili i treći zastoj. Bejahu u zemlji Ći Piksab, gde bejaše pogodnih brežuljaka da se ljudi sakriju od životinja koje su tuda lutale. Očajnički su se borili protiv njih. Ljudi su neprestano umirali u kandžama tigrova koji su vrebali ili su nestajali u zubima Krokodila, koji su puzali po obalama voda i kaljugama. Borili su se bez nade, nemajući vremena da se odmore ili da nađu siguran zaklon. Kad su to videli, Dedovi ponovo upitaše Tohila za savet i sa njegovim odobrenjem odlučiše da prekinu zastoj i da nastave lutanje do mesta o kojem se dalje govori. Zaustaviše se blizu jedne doline. Onda Tohil reče Dedovima:

– Ne zaustavljajte se ni ovde. Ubrzo će ove predele isušiti vetrovi koji duvaju s dalekih brda što pokrivaju horizont Juga. Idite još, sve dok dobijete znak. Obratite pažnju na čas svanuća koji se približava. U tom času bolje ćete razlikovati pogodno, vama još nepoznato mesto, označeno u kalendaru.

Dedovi, pošto su se posavetovali, složno rekoše:

– Istina je; potražimo neko drugo mesto prikladnije i sigurnije za uživanje. Produžimo ka ivici horizonta, gde se ocrtava senka one planine; stignimo što pre do nje.

Porušili su svoje kolibe, natovarili idole svojih bogova i produžili da hodaju. Dedovi su išli napred, kao izvidnica. Svi su predosećali da se dan bližio kraju. U srcima ljudi rasla je snaga; žene, starci i deca zaboravljali su na umor. Najzad, posle dužeg vremena, stigoše do podnožja brda koje su ugledali. Ono je bilo visoko, sa strmim liticama, gustom vegetacijom divljeg i pitomog rastinja. Čim ga ugledaše, dadoše mu ime Hakavic. Popeše se na njega zapadnom stranom, između stenja i žbunova. Kada su stigli na vrh, najhrabriji su objavili da se tu nalazi prostrano i pouzdano mesto, dobro za odmor.

Dedovi učiniše i više; razgledaše i opipaše prirodu tog mesta koje je izgleda trebalo da bude poslednje na njihovom putu. Kad su se svi uverili da je zgodno za radosno konačište, odahnuše iz dubine duše. Razveseliše se još više, kad ugledaše na horizontu jutarnju zvezdu; kao predskazanje slave ona je bila još sjajnija. Pred njom su zapalili tamjan, istovremeno nudeći dokaz vernosti svojih srca. Tamjan se pretvorio u oblak koji se, u jutarnjem miru, polagano dizao u visinu, izvan dometa pogleda. Svaki ded je zapalio, u skladu sa svojom verom, različitu količinu tamjana. Dok su palili tamjan, plakali su i pevali od sreće. U ljudima se stekla jasnoća dotad neviđena na zemlji, i koja je dolazila iz pećina na Istoku. Iznenada, dok su najviše bili zaneti razmišljanjem, Tohil reče:

– Dobro ste se smestili na ovoj planini i njenim padinama gde teku vode iz tajnih izvora koji nastaju ispod kamenja i šljunka. Jednog dana otkrićete njihovo poreklo i ono će vam postati smisao života i stabilnosti. Govorim u svoje ime i u ime bogova koji me prate. Sada vam kažem: onako kako smo mi sa vama, tako ste vi sa nama. Od sada pa dalje ništa nas neće razdvojiti. U ovom času iskušenja prizovite koga morate. Bdite bez odmora nad osećanjima sakupljenih ljudi, jer treba da znate da ćemo samo dobre savetovati i pružati im pomoć. Pazite šta mislite i šta radite i na ono što se radi po vašoj volji. Čuvajte se, misleći i na nas, ali nas ne mučite istorijom vaših patnji koje su pravične i neizbežne. Znajte da i bez vaših reči znamo za vaše namere. Znajte da vas u tišini čujemo. Dajte nam, zauzvrat, mladunce ptica i divljih zveri koje borave u ovim krajevima. Takođe nam dugujete svoju krv, a da pritom ne naškodite sebi jer od vas ne tražimo smrt već život.

Onima koji pitaju gde smo, recite ono što znate o našem prisustvu, a ne više. Uradićete velike stvari, ako vidimo da ste složni i pokorni.

Kad su to Dedovi čuli, svi zajedno, rekoše:

– Sada se više neće zaboraviti naša imena, jer su bogovi progovorili a mi smo ostali jedinstveni. Nikad nam se ljudi neće razići. Njihova sudbina pobediće nesrećne dane koji će doći u neznano vreme. Uvek će imati sigurno mesto na zemlji koju smo osvojili.

Kada su ovo rekli, dadoše imena okupljenim plemenima. Kad su i to uradili, sačekaše da izađe jutarnja zvezda, koju su, malo ranije, videli za trenutak. Za to vreme, na najstrmijem delu planine Hakavic, Dedovi pronađoše jedno mesto puno krljušti i zuba, kandži i perja divljih životinja, nekada ranije žrtvovanih.

Iskoristiše ih da izbegnu zlo i ukorene dobro. Dobro su znali da se nesloga uništava očnjakom zeca; da se talenat potvrđuje kostima gmizavaca. Pošto su obavili ove dužnosti Dedovi odahnuše i počeše slobodnije da dišu. Zatim rekoše u sebi:

– Kamo sreće da ovde vidimo izlazak sunca. Možda to ne zaslužujemo? Možda nam ovo mesto nije namenjeno? Ako je tako, ništa nas ne sme rastaviti, kad svane. Radost se rađa na horizontu. U mračnoj samoći koja nas okružuje, videćemo čisto i otvoreno nebo.

Tek što su rekli, zaista se pojavi svetlost jutra koju su čitavim bićem želeli da vide.

Dedovi se sakriše, plašeći se da će ih običan svet, videvši ih na svetlosti, prezreti. Sunce se pojavi na nebu, i na zemlju se prosu njegova svetlost. Sve je počelo da treperi životom. Ali sunčeva svetlost nije bila dovoljna da ojača meso i očvrsne kosti. Trebalo je sačekati da toplota zagreje vazduh i da izniknu lišće i mladice, kad će ljudi moći čvrsto da hodaju po ranije močvarnoj zemlji.

Kada se to dogodilo, pojavile su se velike i male životinje, koje su počele da iskazuju svoju pitomu i divlju prirodu. S vrha pomenute planine, ljudi su posmatrali širinu prostranstva koje se pružalo; tok reka; tamnu gustinu šuma; i u daljini, ljubičast odsjaj mora koji se mešao sa nepokretnom linijom neba. Iz jaruga su se prolamali krici jaguara i tigrova, zavijanje divljih veprova i maukanje divljih mačaka. Iz močvara i bara dopiralo je, istovremeno, kreketanje crnih i zelenih žaba buljavih očiju. Močvarama su puzali mrki i pegavi gušteri i proždrljivo otvarali čeljusti; u žbunovima su se skrivale zmije otrovnice, koje su se ponekad davile u blatu. Papagaji su kričali dugim prodornim kricima. Kad je ova buka doprla do mesta gde su se ljudi zaustavili, ovi se uznemiriše puni radosti. Osećali su se kao da su pronašli otvorena vrata života, što su čekali od davnina, koja su ranije bila zatvorena.

Tako su se, na tom mestu, naselila plemena o kojima je reč. Uskoro su izgradila puteve i staze između šuma i šipražja vijugali su, tu i tamo, po brežuljcima. Tako su plemena dolazila u međusobni dodir. Podigli su i brežuljke od blata i kamenja sa kojih će gledati u daljinu da bi primetili opasnost ukoliko se pojavi. Stvarno, na ovim brežuljcima radili su najspretniji i najiskusniji ljudi za osmatranje i prisluškivanje. Ostajali bi tu satima osmatrajući horizont ili osluškujući i najmanji zvuk na obližnjim poljima. Na najmanji sumnjiv znak dizali su uzbunu koja se prenosila i širila preko puževa i trske. Glasovi su tada odzvanjali kao olujni grom po nenaseljenim predelima, uznemirujući senke i unoseći u srca strepnju i očaj. Ljudi su rukama stezali drške buzdovana, dok su im noge poput životinjskih kopita propadale i uranjale u duboke naslage tla. Da bi sačuvali dostojanstvo Dedovi su živeli u brdima, pod krovovima od slame ili u otvorenim pećinama, na planinskim padinama, na strani gde zalazi sunce.

Ova mesta bila su pristupačna samo onima koji su dolazili do mesta na kojima su se krile vođe. Jedva da su i ovi posvećenici znali smer puteva do tih mesta.

Treba znati da su Dedovi, noću, naročito ako je noć bila tamna i tiha, tajnastveno izlazili iz svojih skloništa, dolazili do najgušćeg šipražja i počinjali da glasno zavijaju i urlaju kao da su divlje zveri, željni krvi i ubijanja. Čuvši ove urlike, starosedeoci, naseljeni u blizini planine Hakavic, uplašeni, okupljali su se i govorili:

– Oni koji tako viču žele da nas uplaše i zastraše. To rade s nekom skrivenom namerom. Budimo oprezni. Sigurno žele nešto da postignu svojim urlicima; možda žele da napustimo ovu zemlju koju, drznici, imaju sada u svojoj vlasti i smatraju je svojom. Da li je moguće da nam se tako nešto dešava? Ti nametljivci nam smetaju svojim pretnjama. Možda žele da nas proteraju iz krajeva koji nam pripadaju od davnina? Uvek smo ovde živeli; pravo je da nastavimo da živimo gde nam se dopada i gde ćemo umreti. Samo ovde možemo da vaskrsnemo; na drugom mestu nikada ne bismo bili celoviti; naš bol bio je večan. Ko ima pravo da nam otima ono što je naše? Možda pridošlice žele da se domognu namirnica koje naši ljudi nose putevima, iz sela u selo i od varoši do varoši. Ubrzo, međutim, saznaćemo istinu a sa njom i namere koje imaju nametljivci i to će nas ujediniti.

Plemena koja su to govorila, sakupljala su hranu i začinjavala je prema veštinama koje su nasledili od svojih predaka. Jeli su je pored ognjišta svojih kuća, pored žena, dece i njihovih dedova. Život im je bio patrijarhalan. Hranili su se medom od pčela, mesom stoke i salom od kornjača. Pili su vodu sa zdenaca koje su ranije ljudi pronašli među stenama. Izgledali su srećni u miru i uzdržljivosti. Niko do tada nije narušio njihov mir. Posle ručka spavali su pored vode koja je tekla kanalima kroz dvorišta njihovih imanja. U proleće, gledali su laste kako im lete iznad glava, a u zimu ljupke vrapce. Ipak, nešto nije bilo celovito u njihovom životu, koji je time bio ugrožen. U njihovom životu preovlađivale su mrzovolja i sebičnost. To su bili gresi svojstveni njihovoj prirodi. U to vreme Dedovi su govorili:

– Tohile, čuj nas i pogledaj nas. Daćemo ti krv životinja koje nam pripadaju; druga krv je iz naših ušiju; ova je iz naših laktova; a ova iz naših nogu. Primi je milostivo; gledaj na nju nežnim i sažaljivim očima. U ime svih nas primi je kao naknadu za našu nemarnost i greške. Bdi nad našim životima i ne oduzimaj nam snagu i ne umanjuj volju.

Zatim su dodali:

– Budimo u miru sami sa sobom; ne započinjimo raspre i kavge. Delajmo mirno i slobodno. Ako tako ne postupamo, ko će prati tela naših mrtvih? Možda ćemo morati da ih pokopavamo kao u vremenima rata, prljave i nečiste, na ivicama jaruga, duž puteva, ili na ulasku u pećine, napuštene, u samoćama šume, da bismo ih sačuvali od zuba divljih životinja? Kamo sreće da se to ne desi! Kamo sreće da to ne vidimo našim očima!

Krv o kojoj se govori staviše na žrtveno kamenje. Dok su to radili čuše Tohila kako im govori:

– Plačite i spasićete se; plačite i nećete umreti. Suze su dobre za telo i duh. Setite se da ste krenuli iz Tulana; pomislite da se još nije izbrisao trag koji ste ostavili na naizgled nepristupačnim putevima u planinama i žbunju u krševitim predelima. Još i danas pamti se naš prelazak preko mora. Talasi su se u naletu obrušivali o stenovite obale dok smo prelazili mesta označena na našem planu.

Kad su ovo čuli Dedovi, počeli su, uporno, u toku noći, da otimaju ljude koji su rasuti naseljavali obližnje predele. Otimali su ih, kažnjavali i mučili ih lomeći im noge i ruke drvenim rašljama. Kad su ih videli utučene na granici smrti, oslobađali su ih u šumama. Tada su, nesrećnici, posrćući, tražili puteve da se vrate kućama. Vraćali su se puni straha, ne znajući šta da misle i šta da kažu. Bilo im je nezamislivo sve ono što im se dogodilo. Osećali su se kao da su se oslobodili noćne more ili začaranosti. Glas o njihovom strahu širio se kao prašina u danima žege i vetra.

Zatim su Dedovi poželeli da rade još gore i surovije stvari. Bili su ogorčeni i smrknuti. Nisu se zadovoljili otmicama. Dogovorili su se da žrtvuju ljude koje su iznenađivali i hvatali blizu planine Hakavic. Savlađivali bi ih, rastrgli i tako mrtve žrtvovali ih bogovima. Ali krv žrtava slivala se putevima a odsečene glave i iščupani udovi pojaviše se na kamenju.

Ljudi iz plemena u ravnici, zlovoljni i besni, govorili su:

– Tigrovi iz ovog kraja napadaju nas. Mora da su žedni i gladni. Mora da im je duh zlom začaran. Neplodna dolina progoni ih i zato dolaze ovamo, jer je ovo nastanjen i plodan kraj. Sigurno se približavaju sa čežnjom, željni da utole glad i odagnaju nemir. Potražimo ih i ubijmo.

Drugi su propratili ove događaje rečima:

– Nije li to delo bogova koji borave na vrhu planine zvane Hakavic? Žele li njihovi obožavaoci naše mesto kao hranu? Potrudimo se da saznamo istinu i učinimo sve što je moguće da uklonimo ovo zlo. Saznajmo prvo gde stanuju a posle proverimo ko su sledbenici tih bogova. Kako bismo to saznali sledimo tragove njihovih nogu i trag krvi koju ostavljaju njihove žrtve. Sledimo takođe pravac kojim lete lešinari na nebu kad namirišu lešinu ostavljenu na brdu.

Tako odlučivši ljudi iz progonjenog plemena složili su se da se brane od ovih nevolja.

U stvari, odlučili su da slede spomenute tragove koje su pronašli na vlažnoj zemlji, na putevima i stazama. Ali ubrzo, videli su da tragovi nestaju u šipražju brda. Tako je propao njihov napor da otkriju sklonište svojih neprijatelja. Umorni i nepoverljivi, odustali su od zadatka koji su sebi postavili. Bili su utučeni ali ne i pobeđeni, odustali su od zadatka koji su sebi postavili. U svojoj mašti otkrili su nov način traganja. Spretno i vešto bogovi su počeli da pretražuju najudaljenije i najviše vrhove brda. Predveče su se sklanjali u prirodne pećine ili rupe koje su ljudi ranije napravili u stenama. Skrivali su se takođe u gustoj tami šipražja. Iz svojih skrovišta podsticali su svoje Obožavaoce i Sveštenike, da nastave sa žrtvovanjem, dočekujući i ubijajući ljude iz tih krajeva. Tako je rasla pustoš među mirnim svetom iz ravnice.

Neka se zna da su se bogovi pojavljivali u likovima mladića kad su izdavali naredbe i uputstva. Bilo je zadovljstvo videti ih u tako sjajnoj i zreloj lepoti. Kada su hteli da se odmore, oprezno su izlazili iz svojih skloništa i odlazili da se okupaju u reci tihe i prozirne vode, pored koje je bilo pašnjaka pokrivenih cvećem i travom. Na zavoju reke videlo se kamenje zaobljeno kišom i bujicama. Stoga se reka zvala Tohilova reka. Ljudi koji su je videli govorili su:
– Ovo je Tohilova reka.
Ili:
– Ovo je Tohilovo kupalište.

Kad bi bogovi slučajno bili viđeni, odmah bi nestajali bez traga. Nije bilo otisaka njihovih stopala na mekanoj zemlji. Veštinom koju su samo oni poznavali, nestajali su u najgušćoj šumi. Njihova skloništa nisu nikada bila otkrivena. Nestajali su kao da ih je progutala zemlja, ili kao da ih je držala skrivene u svom krilu. Nisu ih ponovo viđali ni kao utvare. Ali, ubrzo, ljudi su saznali da su Dedovi bili saučesnici i taoci njihovih bogova. To saznanje raširilo se među ljudima iz udaljenih i skrivenih predela. Zatim su plemena koja su toliko trpela od samovolje ovih bića odlučila da se okupe i da delaju u duhu odbrane. Kako smisliše tako i uradiše. Posavetovaše se i dogovriše se da unište bogove uljeze, i one, koji u njihovo ime, izazivaju toliku pustoš. S tom namerom, odlučiše da se svi dignu i napadnu vođe, oduzimajući im njihovo oružje moći i osvajajući kasnije mesta, na kojima su se, lažno i bez prava, ovi smestili. Ljutita plemena ovako su govorila:

– Uništićemo ljude plemena Kiće iz Kaveka. U našem kraju nijedan tuđinac ne sme da ostane slobodan ni živ. Smatramo ih uljezima; iseći ćemo zaraženo meso i isceliti ranu da nestane njen crni trulež i da njenom zlokobnom uticaju dođe kraj.

Ako je nužno da nas ranjavaju i ubijaju, neka tako bude; ali, prethodno, uništimo te uljeze koji ih, na pokvaren način, guraju i podstiču protiv nas. Ako je Tohil tako velik i moćan kao što pričaju pridošlice, želimo da ga vidimo svojim očima; želimo da se uverimo u istinitost njegove snage i nepobedivost. Ako uspemo to da saznamo, onda ćemo ga obožavati kao da nam ga je sudbina namenila. Nećemo mu se više protiviti.

Sporazumevši se ovim rečima, rekoše svetu koji je lovio ribe u reci u kojoj se, pričalo se, kupaju Tohil i drugi bogovi:

– Dođite, saslušajte i razumite: ako su oni smrtni bogovi, dođimo do njih, pobedimo ih i učinimo da nestanu čak i njihove kosti. Učinimo i više: da sa njima propadnu i njihovi saučesnici, ili njihovi Obožavaoci i Sveštenici koji žrtvuju.

Zatim, raspaljeni sopstvenom odlukom, rekoše:

– Učinimo ovako da ih pohvatamo: Uredimo da odu na označenu reku, u zgodan čas, dve devojke, najzdravije i najlukavije među svima rođenim i odraslim u ovom kraju. One će razgovarati, kao da su rasejane, o svojim obavezama i ličnim stvarima. Razgovaraće vešto da ne bi otkrile ni svoju nameru ni naš plan. Moraju biti oprezne. Dopustiće da ih gledaju i požele. S lukavom opreznošću počeće da peru naše rublje na obali reke. Ako mladići dođu do njih, skinuće se da bi ih još više privukle. Ako oni, kad ih vide bez odeće, pokažu da ih žele i daju znak da žele da se približe, one će im dati na znanje da imaju dozvolu da im pruže uživanje. Ako ih bogovi kasnije upitaju ko su, odgovoriće: Mi smo kćeri gospode; ali ne pokušavajte da saznate više jer vam nećemo ništa reći. Kada to budu rekle zatražiće od mladića neki zalog kao uspomenu na susret. Ako im predlože da im pomiluju lice, obraze, ili bradu, one, odmah, neka se pokorne predaju njihovim željama.

U skladu sa tim mislima i planovima naučiše dve najzgodnije devojke iz mesta da odu pred bogove i urade ono što je rečeno, kad se ovi budu pojavili pored reke. S tom namerom izabraše devojke Iktah i Ikpuć, koje su zaista bile lepe.

Devojke se, bez odlaganja uputiše prema reci i šćućuriše pored kamenja na obali. Ljudi iz plemena, sakriše se, za to vreme, u tišini i podaleko, u šipražju. U skladu s onim što je dogovoreno, devojke počeše da peru odeću na obali reke. Odjednom primetiše, sa iznenađenjem, da tuda prolaze Tohil i drugi bogovi. Prepoznale su ih, jer su bili lepi i dostojanstveni. Njihova koža boje žita sijala je kao da su imali svetlost ispod nje. I njihove oči sijale su takođe čudnom svetlošću.

U početku devojke nastaviše s pranjem; međutim, videvši da se bogovi približavaju zadrhtaše od straha i osećanja. Onda se svukoše, sećajući se naredbe koju su dobile. Kad su, ženskim instinktom, osetile da su viđene, pokazaše svoju nagotu. Pokazaše iznenađenje i lažnu postiđenost, ali ne u tolikoj meri da bi, svojim stavom, bile nepristupačne. Između njih i bogova, u početku, vladalo je zbunjeno ćutanje. Ali, suprotno onome što su devojke očekivale, ni Tohil ni drugi bogovi nisu ih željno pozvali ni pomilovali ni bilo šta nagovestili. Približivši se, oni rekoše:

– Odakle ste? Šta tražite ovde? Kako ste se usudile da ovamo dođete? Zar vam niko nije rekao da je ova reka naša po prirodnom pravu, da smo je našli napuštenu i bez čuvara? Ne pravite se zbunjene. Odgovorite na naša pitanja. Očekujemo vaš odgovor. Odgovorite.

Kada su čule ove reči, rečene s toliko strogosti, devojke se zbuniše; i, pobeđene, bez ikakvog pretvaranja, rekoše ono što su im savetovali i ništa drugo. Nisu mogle da lažu ova bića. Neka skrivena sila primorala ih je da kažu ono što su znale. Osim toga, laž im nije bila urođena. Pošto su čuli priznanje devojaka, Tohil reče:

– U redu. Sada ćete odneti znak koji gospoda žele, on će otkriti smisao našeg razgovora i karakter našeg odnosa.

Ne rekoše ništa više. Odmah se udaljiše i porazgovaraše o tome šta da čine. Složiše se, uzeše tri čaršava od pamuka i predadoše ih Dedovima koji su bili blizu, u iščekivanju. Tako je Balam Kiće na jednom nacrtao tigra; Balam Akab na drugom orla, a Mahukutah, na poslednjem, jednog obada.

Bogovi se više nisu pojavili; izgubiše se u tišini šume. Umesto njih približiše se Dedovi i počeše da razgovaraju sa devojkama.

Balam Kiće, pošto ih je pozdravio u ime bogova, progovori ovako:

– Ovde su znaci koje su tražili vaši gospodari; to su odela koja su vam obećali Tohil i drugi bogovi. Gospodi koja su vas ovamo poslala recite: Ovo su nam dali; ovim ogrtačima treba da se pokrijete i pokažete. Ovde su. To je sve. Od nas ništa drugo ne očekujte.

Odmah zatim Dedovi takođe nestadoše. Devojke ne primetiše kuda su iščezli. Ostadoše same, s izvesnom zbunjenošću u duši. Sa vestima i ogrtačima, devojke napustiše ovo mesto i vratiše se plemenu. Ovde, uznemirene, utučene, potražiše starce koji su ih poslali i pred prisutnima rekoše:

– Ovde smo.

– Da li ste videle Tohila i druge bogove, kao i njihove obožavaoce? – upitaše ih.

– Da, videle smo ih i s njima razgovarale.

– Onda, kakav nam znak donosite kao zalog da je tačno to što kažete?

– Evo zaloga – odgovoriše.

I rekavši to staviše pred starce i prisutne šarene ogrtače koje su primile od Dedova. Svi se približiše da vide i razgledaju, radoznali i začuđeni, ogrtače i čud-

Dedovi 33

ne crteže, kakave do tada nisu videli. Velikaši odmah zaželeše da se ponove i da ih obuku.

Kad su primetile njihovu nameru devojke rekoše:

– Dobro je to što hoćete da uradite. Tohil je naredio da gospoda iz plemena obuku ove ogrtače. Za njih i jesu.

Starci više nisu oklevali i pokriše njima svoja ramena. Prvoj dvojici ne dogodi se ništa, ali trećem se desila neobična stvar. Nije ga još dobro ni obukao, ni privezao pojas, a već je osetio ubode i bolove po celom telu. Očajan, zapanjen, naglo je zbacio ogrtač i rekao s očajanjem:

– Kakva je ovo tkanina? Kakav ste mi ogrtač doneli? Od čega je napravljen? Šta ima u sebi? Šta se to kreće, komeša i raste ispod ovog crteža? Zašto crtež postaje opipljiv, zašto oživljava i odvaja se od tkanine?

Drugi, uplašeni, takođe skinuše svoje ogrtače. Ljudi iz plemena videli su, u ovom znaku, velike veštine koju su oni bogovi i njihovi sledbenici upotrebljavali protiv svojih neprijatelja. Primili su to kao znak poraza koji bi doživeli u borbi koju su nameravali da vode. Bili su tužni, ali ne utučeni. Znali su da moraju da se bore; i bili su na to spremni. Razmišljajući o tome, ljudi se ponovo posavetovaše šta da urade kako bi se odbranili od napada i proganjanja onih bogova i od spletki njihovih slugu. Na skupu, najstariji rekoše:

– Samo se lukavstvom možemo osloboditi jednih i drugih. Razmislimo o tome. Prvo ih moramo uhoditi; zatim ćemo se brzo odlučiti. Postupićemo tako bez straha, jer nas je mnogo a njih malo. Ali moramo raditi bez oklevanja, pre nego što bude kasno i pre nego što neprijatelji primete naše pripreme i naoružaju se.

S takvim mislima odlučiše da delaju bez odlaganja. Sakupiše ratnike iz plemena. Dok su se mladići pripremali, stariji su ih hrabrili rečima i pesmama. Žene, daleko od toga da se obeshrabre, podsticale su ih osmesima i milovanjem. Izgledali su raspaljeni kao roj pčela. Sa svih strana pristizali su, revnosno, odlučni ljudi. Svi su znali da od ishoda borbe koja je trebalo da se odigra zavisi život i smrt njihovih plemena.

Za to vreme, s vrha planine Hakavic, plemena odana Tohilu nadzirala su podnožje i bdela su. Balam Kiće i drugi dedovi počeli su da vrše pripreme. Uklonili su decu i unuke. Na sigurno i prijatno mesto sklonili su svoje žene. Ne propuštajući priliku, podučavali su mladiće u rukovanju oružjem. Predstojala je bitka. S visine su posmatrali predeo i pokrete neprijatelja koji se pripremao. Videli su da se pobunjena i ratoborna plemena iz podnožja okupljaju u dolini; videli su da njihovi ljudi žestoko mašu rukama, a da se hrabriji penju padinama ka vrhu planine. Videli su najplašljivije da se veru po bedemima koji su tu bili podignuti poput rovova. Oni koji bi ih savladali, jednim skokom vraćali bi se na svoje mesto, puštajući oduševljene uzvike. Mladići bi ih pratili tapšući ih.

Svi su bili nestrpljivi da se bore. Uzvici staraca, koji su ostajali u dolini, bili su svaki put sve suroviji. Žene, besno plačući, pokazivale su da će kukavice biti mrtve i pretvorene zauvek u robove.

Podstaknuti ovim nagonom ratnici su požurivali pripreme kako bi se što brže popeli na planinske kose i strmine. Na suncu sijale su njihove strele, bodeži, koplja i štitovi. Tako su počeli da se penju. Napredovali su, ali oprezno, krijući se iza stena i šipražja na putevima. Tako su se penjali na raznim stranama planine. Nisu se zaustavljali da predahnu. Niko im nije izlazio u susret. Prešli su već dobar deo; videlo se da je neprijateljima ispunjen obronak planine, kad se desi nešto što niko nije predvideo. To je čak teško objasniti. Napadači iznenada, ne znajući kada, ni kako, zaspaše. Ostadoše nepokretni kao stabla drveća ili kao životinje. Izgledali su kao mrtvi; tako je bio dubok san

Dedovi

koji ih je savladao i pobedio. Videvši da su popadali, oni sa Hakavica izađoše iz svojih skloništa, napustiše zaklone i, s bučnim uzvicima, spustiše se po obroncima planine, s isukanim bodežima i perjanicama koje su se lelujale. Tako iznenadiše zaspale. Sručiše se na njih, razoružavajući ih i svlačeći im odela. Da bi ih dotukli, odrezaše im brkove, obrve i oduzeše im drago kamenje; zavezaše im noge kao pticama i naslikaše im na obrazima podrugljive znake kao da su akrobate ili klovnovi. Zatim ih ostaviše nevremenu u planini. Da bi ih osramotili, Dedovi se pomokriše na poražene ratnike. Kad se ovi, posle dužeg vremena, probudiše i videše jedan drugome lica, posramljeni, pobegoše jedni od drugih i sakriše se iza stabala drveća. Listovima banane pokriše golotinju. Nisu znali šta da rade ni šta da misle. U očajanju su govorili:

– Zašto smo se predali snu, kakav ranije nikada nismo upoznali ni od njega stradali? Ko nas je uspavao na tako čudan način, dok smo se penjali čekajući neprijatelja? Ko nas je zaustavio i paralisao na planinskim obroncima? Ko nas zavezao i oduzeo nam oružje, skinuo naša odela, uprljao nam ruke i osramotio naša tela, sekući nam kosu, crtajući nam po licu ugarcima i bojama, prljajući nečistoćom naše ruke? Ko je zavezao naše noge kao da smo životinje uhvaćene u lovu? Da li su to razbojnici koji su nas ovako napali iza leđa? Da li su sami bogovi neprijatelja ti koji su nam naneli uvredu i ovako ružan poraz? Zaista ne znamo ništa o tome šta se dogodilo i ne možemo objasniti to što nam je učinjeno.

I dok su se ratnici poniženog plemena spuštali i povlačili u središte svojih trgova da se odmore, da zaborave sramotu koju su doživeli i nabave novo oružje kojim će obnoviti napad, Dedovi su napravili plan da njihovi ljudi podignu bedeme za odbranu vrha planine. Sakupiše jake i spretne ljude i složno iskopaše kružni jarak. Da bi ga sakrili baciše preko njega puzavice isprepletane lišćem i trnjem. Iza jarka napraviše zid od stabala, lijana, kamenja i blata. Zatim staviše uspravno, blizu zidina, lutke od drveta koje su ličile na ljude. U ruke im staviše oružje oduzeto od pobeđenih vojnika. Vetar je duvajući zanjihao oružje, zatalasao kosu napravljenu od kuvanog kukuruza, koju su lutke imale ispod šešira od palminog lišća. Iz daljine i kroz maglu, lutke su zaista izgledale kao radnici na straži. Kad su završene ove pripreme, Dedovi odoše da traže savet od bogova. Rekoše im:

– Recite nam da li ćemo u ovoj borbi biti pobeđeni ili ćemo pobediti? Uzmite u obzir da su naši neprijatelji mnogobrojniji i da su srčani, dok je naših malo, rđavo smo naoružani i bez mržnje u srcima, jer se samo pokoravamo namerama sudbine.

Tohil odgovori:

– Ne mučite se misleći na to šta će se desiti, jer mi smo tu i, u svoje vreme, uradićemo što je potrebno da sprečimo svaku opasnost.

Rekavši to, sa sebi svojstvenom veštinom, dovedoše rojeve obada i osa. One svojim krilima zamračiše vazduh; poslušno su sletele na obližnje kamenje; umiriše se pokorno, nesposobne da nastave let. Tada se Balam Kiće obrati okupljenom plemenu:

– Pokupite ove insekte i sačuvajte ih u zatvorenim kutijama. Držite kutije blizu barikada i čekajte pogodan čas da ih otvorite. Insekti će vas odbraniti od napada ratnika iz podnožja. Budite stalno na oprezu. Skupite sve svoje snage i lukavstvo. Ne prestajte nikako da motrite na puteve koji se spuštaju do neprijateljske ravnice.

Staviše, stvarno, obade i ose u kutiju od šaše. Izgledalo je da će krilima slomiti svoj zatvor. U kutiji su se rojili, šireći zaglušujuće zujanje. Ljudi su udvostručili svoju opreznost.

Dedovi 37

Po putevima i obroncima, ljudi su bili budni. Prepoznavali su svaki sumnjiv neprijateljski pokret. Svaka novost u polju i vazduhu bila je znak za uzbunu.

Za to vreme naprijatelji, povrativši se od poraza koji su pretrpeli, spremali su se za novu borbu. Sa loše skrivenim uzbuđenjem, išli su s jednog mesta na drugo, savetujući se i pripremajući se za borbu. Zapanjeni, gledali su gore preteći rukama i pogledima ratnicima za koje su verovali da ih vide na barikadama. Svaki put bilo je sve više ljudi koji su se sakupljali u ravnici oivičenoj bodljikavim biljkama. Mržnja koju su osećali prema uljezima sve više se povećavala. Ispoljavala se u kricima i skokovima koje su činili kao opsednuti. Izgledali su rešeni da umru braneći zemlju koja im je pripadala od davnina. Niko nije sumnjao u pravo na zemlju koju su sada opsedali tuđinci. Zato niko nije bio besposlen; niko skrštenih ruku. Neki su zatezali kožu ubijenih životinja; drugi su je ukrašavali savitljivim lijanama da bi odolele kao štitovi; neki su šiljili motke od tvrdog drveta; neki vlažili vrhove strela otrovnom smolom; neki skupljali kamenje za izbacivanje pomoću roga; drugi su uvrtali konce pamuka da bi napravili maske i pojaseve; neki su stavljali u kornjačin oklop mehure da bi zvučali kao bubnjevi; drugi su bušili trsku da bi u nju duvali kao u flautu. Sve su to radili sa užurbanom ozbiljnošću, misleći na borbu koja će uskoro započeti.

Kad je došla noć smanjili su se poslovi koje su radili ali se povećavala budnost na putevima i stazama. Na opasnijim mestima palili su vatre da bi bolje osvetlili trg i nazreli, iz daljine, prisustvo neprijatelja koji bi hteo da ih iznenadi u sigurnosti mraka. Na svetlosti vatre videla su se divlja i gnevna lica ratnika koji su se spremali za borbu. Koplja zabodena u zemlju sijala su, kao jake munje.

U svitanje počeli su da sviraju na flaute, klarinete i kornjačine oklope.

Tutnjava oluje prolamala se kroz prostor i mešala s poklicima junaka. Krici, skokovi, izgled i pokreti ratnika ulivali su strah među mirnim svetom koji je posmatrao njihove pripreme. Deca su plakala držeći se za suknje svojih majki. Ove su cvilele, pokrivale lica rukama, dok su starci drhtavo i preteći dizali pesnice.

Tek naoružani mladići počeli su da se penju ponovo po vrletima planine Hakavic. Penjali su se čvrsto koračajući po kamenju i zemlji. Da bi bili sigurniji koristili su blaže strmine. Kao jeleni ili koze vešto su se verali po stenama okruženim granjem i grmljem. Penjali su se neprestano i zaustavljali su se samo načas da predahnu, da se odmore i da dođu do daha dok su izviđači išli napred da pogledaju mesta koja je neprijatelj zauzeo. U svakom trenutku očekivali su da se sudare s protivničkom izvidnicom; bili su sigurni da će uspeti da pobede neprijatelje. Nikakva zaseda nije bila moguća. S vremena na vreme, vodiči, mašući komadićima platna, pokazivali su da je put slobodan, da je opasno ili da se treba zaustaviti, čučnuti, čekati, ustuknuti ili promeniti pravac. Starci i žene koji su ostali dole molili su ratnike, osornim glasovima, da ne pokleknu na svom putu. Išli su s mesta na mesto, pevajući pesme hrapavim glasom. Igrali su čudne igre, istovremeno ratničke i raskalašne, oko vatri koje su potpirivali suvim iverjem. Povremeno su uzimali u ruke još topao pepeo, lepili ga ili mazali po licu da bi ličili na ljude koji ulivaju strah. Orlušine, podstaknute gomilom, koju su posmatrale, obrušavale su se na ljude i životinje. Kojoti i šakali skakali su preko jarkova i rupčaga. Sopstvenim zubima ranjavali su svoja usta, koja su krvarila.

Dotle su se branioci planine, iako očajni zbog opasnosti i pretnje koja se povećavala, uzdali u proviđenje koje im je bilo naklonjeno. Bili su sigurni, da, u pravi čas, neće biti napušteni i da, zbog toga, neće umreti. Sudbina je trebalo da im obezbedi večnu slavu. Jedni druge umirivali su pokretima i rečima. Najveštiji, krijući se na nepristupačnim mestima, bili su spremni da daju znak za uzbunu kad opasnost zapreti. S prikrivenom opreznošću, ratnici su motrili na pokrete ljudi koji su se već uspuzali ka vrhu, dahćući od besa i pokazujući gnev ranije u danima najžešćeg rata. Tako je nastupio trenutak očajničke neodlučnosti za obe strane. Vika onih koji su se penjali iz doline sudara se sa vikom onih koji su branili vrh planine. Lica jednih i drugih već su se mogla videti kroz žbunje. Ruke iz obe grupe visoko dignute, kao klasje, bile su naoružane buzdovanima i kopljima. Odzvanjao je zveket štitova i ljutina se mogla naslutiti po teškom i dubokom disanju onih koji su se zaustavljali iza stena ili onih koji su se verali po rovovima.

Još jedan trenutak i neprijatelji odzgo sručili bi se na neprijatelje odozdo; ili bi ovi, rušeći zidine, došli do željenog vrha. Kamenje koje su bacali već se odbijalo o grbove jednih i drugih, proizvodeći prigušen zvuk. Susret kojeg su se toliko plašili približio se. U vazduhu počele su da se ukrštaju, zviždeći, strele. Praćke i duvaljke izbacivale su komadiće zašiljenog kamenja. Iznenada se začuo, kao tresak groma i njegov odjek, urlik bola ponekog ranjenika. U istom trenutku, kad je trebalo da se besno sudare i uhvate u koštac s neprijateljem, Dedovi otvoriše, kao što im je prorekao i naredio Tohil, poklopce kutija u kojima su bili zatvoreni obadi i ose. Insekti su naglo izleteli i rasprišili se po vazduhu i sa zujanjem i smradom sručili se kao strele na neprijatelje koji su se verali, besni i sigurni u sebe, ujedajući ih za šake, ruke, noge, bedra i lica. Pod ovom kišom uboda, prvo zaprepašćeni, zatim zbunjeni i poplašeni, oni koji su se penjali nisu znali šta da čine. Da bi se odbranili od tako neobičnog napada odbaciše oružje. Lukovi, strele i štitovi padoše na zemlju. Progonjeni, još više požuriše ka vrletima i strminama, sa željom da se oslobode ovog napada. Za ljudima koji su bežali leteli su insekti i besno ih napadali i ujedali. U trenutku kada je nastalo opšte rasulo i nered, ljudi Balam Kićea siđoše i baciše se na one koji su bežali nenaoružani. Bodežima, kopljima i praćkama obarali su se na one koji su im bili pri ruci i ubijali ih. Vapaji, jadanje, kletve i proklinjanje pobeđenih bili su zastrašujući. Prašina je uskovitlala vazduh, dok je krv ranjenih poprskala kamenje tog mesta, svedoke tolike pustoši.

Daleko je stigla vest o njihovom porazu. Radost pobednika zapalila je svetlost vatri koju je vetar, snažno duvajući, kao sa nekog nevidljivog mesta, rasplamsavao i širio. Tela pobeđenih kotrljala su se po strminama, razbijajući se o kamenje. Na stenama su ostajale krvave brazde. Planina Hakavic bila je mesto pobede bogova i Dedova.

Tako su zauvek prisvojila zemljište plemena odana Tohilu i Balam Kićeu. Ono malo ljudi koji su ostali u dolini pobegli su pobeđeni ili su pali pred noge pobednicima.

Ljudi koji su ostali na planini Hakavic razumeli su takođe da je neprijateljev poraz konačan i da je moć bogova nepobediva. Kao znak poštovanja digoše ruke uvis i mahaše travama i cvećem.

Tako se završila borba plemena koja su došla iz Tulana i onih koji, zbog svoje sebičnosti, nisu umeli da brane i zadrže zemlju svojih predaka.

Pošto su utvrdili vlast pridošlih plemena, Dedovi su predosetili da im se približio kraj. Zato pozvaše svoje sinove i unuke. Kad su ih videli okupljene pored sebe, ožalošćenih lica, zapališe namirisanu smolu. Sačekaše da se dim digne u visinu i da nestane odnet vetrom. Zatim Balam Kiće progovori ovako:

– Znajte i ne zaboravite da mi Roditelji moramo da odemo. Znajte takođe da ćemo se vratiti u zakazani čas. Setite se sada da smo zajedno pošli iz unutrašnjosti brda koja se nalaze tamo daleko gde zalazi sunce. Razumite, najzad, da je došao čas da se vratimo odakle smo došli. Po savesti vratićemo se na mesto našeg porekla. Ali pre nego što odemo treba da se postaramo o nekim stvarima u skladu s našim životom. Zato razumite, svi, da ćemo razdeliti stada koja su bila naša svojina. Onima kojima treba otkrili smo našu tajnu. Veštinu pisanja znaju samo oni koji treba da je znaju. Nagomilajte zrnevlje i semenje i sakupite stada, jer se približavaju vremena suše i gladi. Naoštrite oružje, jer neprijatelji skriveni iza planine i bregova, pohlepno vrebaju prostranstvo i bogatstvo ove zemlje. Posle našeg odlaska setite nas se. Ne zaboravite nas. Prizivajte naša lica i naše reči. Naši likovi biće rosa u srcima onih koji žele da se sete. Kažemo vam još: čuvajte vaše kuće i dobra; idite putevima koje smo pokazali, jer je to ono što zapovedamo. Ostanite ovde, ali ne zaboravite poreklo svojih predaka. To je pravedno. Ne očekujte da vas stranci podsete na ono što se mora, jer za to imate savesti i duha. Sve što je dobro treba da izađe iz vaše preduzimljivosti.

Tako rekoše Dedovi kad su se opraštali od svojih. Zavladala je tišina. Zatim su Dedovi, visoko uzdignute glave i vukući po zemlji ogrtače koji su im padali s ramena, hodali vrhom planine. Uskoro su počeli da silaze zapadnom stranom. Zatim ih je sakrio jedan oblak kiše.

Među ljudima s planine Hakavic ostali su sveži saveti o kojima se govori. U znak poštovanja i pokornosti tim rečima zapalili su mirisne trave. Dok su gorele žeravice, najstariji je rekao reči koje su svi osećali:

– Uraganu, srce noći, davaocu vrline, tvorcu naših sinova, vrati nam se. Ne lišavaj nas svog prisustva. Daj snagu i život našim potomcima da rastu i postanu jaki i dobri i da znaju da šire našu veru i da izgovaraju tvoje ime, koje će prizivati na putevima, u jarugama, u rekama, pod drvećem i što je moguće dalje. Daj našim sinovima i deci naše dece, sinove i ćerke. Spreči da na njih padne bolest, šteta ili prokletstvo bilo kakve vrste. Ne dozvoli da posrnu i da se povrede. Učini da ostanu uvek složni i čisti. Učini da ih ne iznenade i ne napadnu iz zasede; da ne umru od žeđi i umora. Ne dozvoli da budu pokvarenjaci i razvratnici. Pošalji im snagu da idu sigurni otvorenim putevima, da ne podnose nesreću ni urok. Štiti ih u dobru i u osećanjima; ne dozvoli im da se uzohole zbog bogatstva i da ne omekšaju zbog dobrote. Učini da uvek budu čvrstog srca.

Rekavši to, videše da je veličina svih bila podjednaka; da niko nije bio uglednijeg porekla od svog suseda; i da niko nije težio uzvišenijem položaju od drugih.

Složili su se da u savetu plemena budu najbolja gospoda iz svake kuće. I tako je bilo zadugo, sve dok nije došlo rasulo i smrt.

Jedna od struktura majanske arhitekture

Magi

Glavoliko postolje za luču

Ovde se govori o tajni života i smrti braće Ahpu. Takođe se govori o podvizima Hunahpu i Išbalamke u njihovoj zemlji i o patnjama koje su preživeli u Šibalbi, mestu pustoši i propasti.

U doba koje je nemoguće tačno odrediti došla su u zemlju Kiće gospoda Ahpu koja se spominju; prema verziji koju pričaju stari, ta gospoda bili su sinovi Išpiakoka i Išmukane. Otac Išpiakok umro je dok su Ahpu još bili deca. Jedan od Ahpu oženio se sa Išbakialo, koja je rodila Hunbaca i Hunčouena. Išbakial je takođe rano umrla.

Ahpu su bili obdareni mudrošću. Među veštinama kojima su vladali isticale su se one u vezi s magijom i vračanjem. Nisu bili sebični, već velikodušni. Nesebično su nudili svoje znanje, onima kojima je bila potrebna pomoć ili potpora. Osim toga, bili su pevači, govornici, kujundžije, pisci, rezbari, tesari i proroci. Budućnost su videli u zvezdama, u pesku i iz dlana. Takođe su poznavali put oblaka. Ništa im nije bilo nepoznato; sve su razumeli i svime su upravljali. Sve su obavljali lako i vešto. Bili su zadovoljni svojim različitim znanjima. Kad su se zabavljali lepo su se oblačili i igrali lopte na trgovima pogodnim za ovu veštinu. U ovoj igri bili su vešti, toliko da su im drugi zavideli.

Oduševljeno su se hvalili ovom veštinom ali samo kad se radilo o skakanju i zabavi.

U vreme o kojem se priča, a za koje niko ne zna kada je tačno bilo, živela su u Šibalbi zla stvorenja. Zvali su se Šikiripat i Kućumakik, i njihov duh bio je suprotan duhu Ahpua. Šikiripat i Kućumakik radili su, među mnogim drugim, ove zle stvari o kojima se sada govori. Trudili su se da zaraze krv stanovnika ovih i okolnih mesta. To su činili zlobno služeći se tajnim znanjima.

Drugi su bili Ahalpu i Ahalgana. Ova su stvorenja živela potčinjena nagonu uništavanja. Trudili su se, kao da je to nešto sasvim prirodno, da kod ljudi izazovu oticanje udova. Ranjavali su noge i stopala putnicima. Ranoraniocima su žuteli lica, savijali im kičmu i, ukočene, odvlačili ih u planinu i ostavljali u bilo kakvoj jaruzi. Ako su se ljudi razboleli od drugih bolesti, približili bi im se, uzimali ih za noge i odvlačili do napuštenih mesta, gde su umirali usamljeni.

Ćimiabak i Ćiamiaholm takođe su bili zli. Imali su buzdovane. Bavili su se lomljenjem kostiju ljudima. Svoje podvige izvodili su čvornovatim batinama, kojima su besno vitlali po vazduhu. Glave su ostavljali nedirnute, da bi ljudi što duže patili. Kad bi ih premlatili, uzimali su njihova tela i nosili ih na skrivena mesta, gde niko ne bi mogao da im priskoči u pomoć. Takvi su bili i Ahalmez i Ahaltojob, koji su imali moć da izazovu nesreću i propast među svetom u tom kraju. Činili su još veća zla. Zagorčavali su kraj obešenima bodući im ramena i kopajući im oči. Činili su da pomodre i da se naduju oni koji su se gušili od štucanja. To su radili bezdušno. Noću su uzimali žrtve i odvlačili ih na mesta za koja su znali da su pogodna za njihovu smrt. Tamo su ih ostavljali bez kape na glavi, s licem prema nebu. Orluštine su im ključale utrobu i razbacivale je po zemlji. Najgori su bili Šik i Paten, koji su se trudili da zarobe umiruće na putevima i po vrletnim brdima; one koji su iznenada umirali; one koji su umirali izbacujući krv na usta i one koji su nasilno izgubili život. Svima su stezali grlo stajući im na grudi da bi im rebra prodrla u pluća.

U vreme kada su ova bića živela svoju sudbinu, kobac, Uraganov glasnik, saznao je o veštinama Ahpua. Spustio se s oblaka u krugovima, sve užim; odmorio se na grani jednog hrasta, a zatim je, u jednom skoku, zastao ispred njih, u trenutku kada su počinjali da igraju lopte. Kobac je bio srećan kad ih je video tako vešte i živahne. U stvari, Ahpu su igrali spretnije nego ikad. Nisu se ustezali od usklika oduševljenja niti su utišavali galamu. Pljeskali su kao zaljubljeni mladići. Obrazi su im se rumeneli, usta su im bila poluotvorena. Završavali su jednu igru i počinjali drugu, svaki put sve zagrejaniji. Ali, kad je palo veče, njihovu galamu čuli su gospodari Šibalbe. Ovi, oholi na svoju moć, uvrediše se, zbog ovakvog ispoljavanja nepoštovanja i neumerenosti. Besni, želeli su da znaju ko je narušavao, na tako drzak način, mir u kojem su živeli. Obuzeti zlovoljom, okupiše se i rekoše sa zavišću: Ko su ti koji igraju u blizini našeg grada? Kako se usuđuju da prave takvu buku svojim glasovima i svojim štapovima kojim udaraju loptu? Nismo znali da u blizini ima tako drskog sveta. Izađite brzo da ih tražite. Dovedite ih, žive ili mrtve, jer želimo da ih vidimo. Ako dođu živi igraćemo sa njima obrednu igru, a ako ih pobedimo moći ćemo da ih kaznimo kako zaslužuju a da nas niko ne smatra nepravičnim. Neka izađu naši najspretniji glasnici da ih traže, i neka im kažu šta želimo.

Gospoda iz Šibalbe složiše se sa svojim gospodarima i poslaše četiri glasnika da poruku predaju igračima. Glasnici – a to su bile sove – imali su različita lica i suprotne karaktere. Govorili su različitim glasovima. Jedan je vikao; drugi se smejao; jedan je urlao; drugi je zviždao. Ne čekajući novu zapovest, ispuniše nalog, sleteše na kuću Ahpua, koja se nalazila usred kraja čuvenog po bogatstvu i obilju riba i blagog i mirisnog vetra koji je stalno duvao. Atmosfera njegovih ulica i dvorišta bila je zasićena mirisima i muzikom. Ptice su letele iznad krovova kuća i bez straha sletale na ogradu vrta. Niko ih nije uznemiravao. Tu su pevale. Sletale su na pašnjake i kljucale zrna kukuruza, pile vodu iz barica i spavale na ogradi zadovoljno izbacivši stomake. Glasnici su napustili krov i poleteli ka mestu gde su bili Ahpu. Došavši blizu njih saopštiše im poruku koju su doneli. Jedan od Ahpu, prekidajući igru, odgovori:

– Da li je istinita poruka koju nam donosite?

– Već si čuo. To što kažemo istina je. Poslali su nas i ne donosimo lažne vesti.

– Pošto ste izvršili svoju dužnost, moraćete da sačekate, dok se oprostimo od naše majke.

– Uradite sve što je po vašoj savesti. Sačekaćemo ovde.

Ahpu izađoše iz Igrališta i uputiše se kući. U njoj su zatekli Išmukane i rekoše joj:

– Pošto je naš otac Išpiakok umro, znaš dobro da si nam ti jedina ostala. Tvoja moć sastoji se u čuvanju našeg ugleda. Nemamo drugu podršku. Tebi kažemo ono što bi trebalo da kažemo njemu da je ostao živ. Treba da znaš, da su glasnici iz Šibalbe došli po nas. Doneli su nam poruku tamošnjih gospodara. Treba da odemo u mesto o kojem govore, jer nam je nemoguće izbeći njihovu zapovest. Znamo šta ona znači. Reci nam šta ti misliš o tome.

Kad je čula ove reči majka se ožalostila i odgovorila:

– U redu. Ako je neophopdno da izvršite naredbu gospodara Šibalba, izvršite je. Ostavite ovde svoje sjajne ukrase i pribor za igru. Čuvaću ih u tajnosti, i osim mene niko neće znati, jer ih niko ne sme dodirnuti bez vaše dozvole.

Magi

Oni odgovoriše:
– Ako hoćeš da tako učinimo, učinićemo.
– Tako želim da uradite, jer tako treba – odgovorila je majka ne dižući pogled sa zemlje.
Tako su učinili. Ostaviše svoj pribor u jednoj rupi koja se nalazila na tavanu ispod slamnog kućnog krova, na jednom podupiraču koji je dodirivao zidove. Zatim rekoše majci:
– Ovde ostavljamo naše ukrase i pribor.
– Kad se vratimo iz posete u koju idemo, ponovo ćemo ih uzeti.
– U vašem odustvu, biće tu. Naći ćete ih nedirnute, dodala je majka.
Zatim im je stavila ruke na ramena i rekla:
– Deco: bilo gde da se nalazite ne zaboravljajte veštine koje vam je pokazao Išpiakok, jer su to veštine koje potiču od vaših Dedova. Ako ih zaboravite, biće kao da ste izdali vaše pretke. Ne zaboravite da pišete, ni da pevate, ni da klešete, ni da se molite. To su veštine koje su vam namenjene, a ne druge. Ne odvajajte se od tih zanimanja, setite se da sam ja živa i da vas vaš otac posmatra.
– Tako ćemo učiniti – odgovoriše Ahpu.
Kad su na odlasku videli da Išmukane plače, rekoše joj:
– Ne plači, ne budi tužna, jer još nismo mrtvi. Sa tobom ostaju naši sinovi, koji su tvoji unuci. Oni će znati da poštuju tvoju starost.
Majka na ovo nije odgovorila. Zatim Ahpu odoše, išli su skrivenim putevima i uđoše u tajanstveno podzemlje Šibalba. Gospoda ih zarobiše.
Posle nekoliko proba, nepravedno ih proglasiše pobeđenim. Zavezaše ih i zatvoriše u uzanu i mračnu ćeliju. Tuga usamljenosti nije potrajala. U svetlosti jutra, približi im se nekoliko dželata. Bili su visoki, snažni i lice im je bilo crveno i žuto obojeno. Iz usta

su im provirivali lažni zubi. Izgledalo je da se smeju stalno, okrutnim osmehom.

Ahpu, bez straha, videše da se približavaju. Jedva da zadrhtaše u njihovom prisustvu. Dželati takođe ne progovoriše nijednu reč. Naredba koju su doneli bila je precizna i kratka. Samo jednim zamahom svojih maljeva, ubiše ih. Kad su ih videli ukočene, opružene u prašini, uzeše njihova tela, raskomadaše ih i delove zakopaše na mestu bujnog zelenila koje se zove Pukbal Ćah.

Zatim uzeše njihove glave i, kao trofej, okačiše ih o grane jednog razgranatog drveta koje je tu raslo od davnina, zbog čega su ga svi zvali Ded. Nikada nije ni procvetalo ni dalo ploda. Noć koja je usledila posle ovih događaja, o kojima se ovde priča, bila je najtamnija od svih koje su zapamćene u Šibalba. Nijedne zvezde nije bilo na nebu, nijedan svitac nije zasvetleo, kao što se to ranije dešavalo u vlažnom šipražju, čak ni sove, sa svojim tamnim pegama, nisu narušile tamu noći. Ugasila se i vatra koju su upalili seljaci. Ubrzo poče u naletima da duva gorak i blag vetar. Pojačavajući se stalno, duvao je celu noć, čisteći prljavštinu s puta i šibajući grane drveća i lijane. Stabla su se savijala od snažnog vetra, kao da će se slomiti. Prašina koju je dizao prekrivala je sve, kao da je sve zamotavala u maglu. U daljini razlegalo se zavijanje krda divljih veprova. Unutrašnjost zemlje potresala se. Na putevima su se otvarale pukotine. Ujutru, drvo je procvetalo i rodilo. Izgledalo je bujno. Niko ga ranije nije video. Gospoda iz Šibalbe zapanjila su se kada su to videla. Ali još više su se začudili kad su primetili da su obešene glave nestale. Zatim su uplašeni Kame – despotska gospoda iz Šibalbe, naredili da se niko ne približava drvetu i da se niko ne usudi da dodirne koru i plodove. Cela Šibalba bila je obuzeta užasom. Ljudi su se pozatvarali u svoje kolibe ne usuđujući se da komentarišu naglas događaje koji su se odigrali na tom mestu.

Srećom, jedna devojka najvišeg roda iz zemlje Šibalbe, čula je za ove događaje. Zvala se Iškik i bila je ćerka Kućumakika. Kada je čula šta su ljudi iz mesta govorili o drvetu i plodovima koji su visili sa grana, poželela je da sama sazna istinu koja se skrivala iza tajanstvenog događaja. Poslušno, približila se svom ocu i rekla mu:

– Oče, po onome što sam čula, drvo za koje i ti znaš ima divne plodove. Ako hoćeš, hajde da ga vidimo.

Otac, plašljiv čovek, ne htede da pođe; nagađao je da će se u prisustvu tih plodova izroditi događaj koji će pogoditi njegovu porodicu. Ali je svojoj kćeri odgovorio:

– Radoznalost je, ćerko, rđava; osobito kod žena; naročito, ako je žena, kao ti, neiskusna i ne zna zlo muškaraca i za zle sile koje vrebaju u blizini. Iz radoznalosti se rađa nesreća, možda i smrt. Brani se od radoznalosti; ne popusti iskušenjima ako hoćeš da živiš u miru sa sobom. Ne očekuj, dakle, moje odobrenje. Bilo bi neodgovorno da pristanem na tvoju molbu.

Ucveljena, Iškik je otišla od oca, ali, neposlušno, protiv svoje volje, zagolicana tajnom, htela je da sama ode do mesta gde se nalazilo drvo. Tiho, obuzeta neobičnim osećanjima, došla je do mesta na kojem je bilo, procvetalo i prolistalo, drvo na kome su obešene glave. U njegovom prisustvu, ne znajući zašto, Iškik je zadrhtala i prebledela. Pomislila je:

„Kakvi su ovo plodovi? Da li je tačno, kao što se priča, da su ukusni? Da li je tačno da šire sladak miris? Da li je isitina da ću zažaliti ako ih probam, kao što kaže moj otac? Ali šta mi se može desiti? Sigurna sam da mi neće ništa naškoditi ni telu ni duši."

I kao da su njene misli čuli oni koji su mogli da ih čuju i imali pravo da na njih odgovore, glas koji je izlazio iz plodova reče.

– Šta tražiš i šta želiš, Iškik?

I pre nego što je Iškik mogla da odgovori, isti glas rekao je i ovo:

– Odgovori, Iškik; govori, reci: šta tražiš i šta želiš? Želimo da čujemo tvoj glas, želimo da te čujemo.

Iškik, ne uzbuđujući se, kao da je to što je čula nešto prirodno i poznato, odgovori:

– Tražim ih i želim ih.

– Ako je istina to što kažeš – uzviknuo je isti glas – ispruži jednu ruku da ti vidim šaku.

Iškik, čuvši, poslušno podiže ruku, pružajući je prema drvetu. Zatim je jedan od plodova prosuo sok na dlan njene ruke. Iškik povuče ruku, ali kad je htela da vidi šta je na nju palo ne vide ništa, bila je čista i suva, kao ranije. Tada glas progovori ovako:

– Sok koji je pao na tvoju ruku jeste znak da postojimo, ali takođe pokazuje da je naš život pun patnje. To tako shvati. Naše lobanje su prazne, imaju samo kosti. Juče, kao što znaš, bejasmo visoka gospoda, moćna i mudra; ljudi su se plašili našeg besa; plakali po našoj presudi i veselili se da nam vide lica, jer su ona svetlela, čak i bez sunca. Bili smo poštovani. Izgled nam je bio lep i znali smo tajne veštine. Zbog toga su naši neprijatelji nas mrzeli i zavideli nam. Nikad nisu mogli da sakriju svoju mržnju. Živeli su čekajući priliku da nas unište. Nikad nisu imali mogućnost da ostvare svoje zlobne namere. Onda su našli izgovor da nas uhvate. Na prevaru su nas doveli ovamo. Mogli smo da ih se oslobodimo, ali nam je sudbina drukčije odredila i mi smo, svesno, odlučili da ćutimo. Ostalo već znaš. Objaviše da smo pobeđeni, ubiše nas i raskomadaše naša tela. Glave nam obesiše o drvo, nestale su jer nije pravo da služe za podsmeh, umesto njih rodili su plodovi koje vidiš. Ljudi, kad ih vide, beže uplašeni, ali, kao što takođe znaš, nemaju razloga da ih se plaše. Mi smo čisti plodovi, tako čisti kao duh koji nas održava. Zato nas poslušaj mirno, kao što to i činiš. Neka te ne žalosti sve ovo i takođe nemoj se kajati što se tako ponašaš u našem prisustvu. Sledi svoju sudbinu i čuj skrivene glasove iz zemlje koju gaziš. Treba da znaš da isto tako kako se patnja i blaženstvo prenose s očeva na sinove, tako se, pomoću znaka koji si primila na ruku a nisi ga videla, prenosi na tebe ugled naše kaste. I tako ona nikada neće propasti. Zapamti, dakle, ovo što ti govorimo, jer će se kroz tebe ponovo roditi naše potomstvo. Hajde, idi sada odavde i vrati se kući jer nećeš umreti dok ne saznaš da je istina ovo što smo objavili. Budi čedna, skromna i pokušaj da razumeš značenje reči koje si čula.

I tako su pokojna gospoda Ahpu ispunila želju za večnošću koja je u njima živela i koju im je, odozgo, udahnuo Uragan u trenutku stvaranja.

Iškik, veoma iznenađena i zadovoljna, vratila se kući. Doživela je neizrecivu sreću i uznemirenost od nečega što je bilo u njoj, čiju prirodu nije mogla da razume i nije joj bilo dato da je dosegne. U njenom biću zaista se stvorilo ono što su reči Ahpua prorekle. Tako je začela Hunahpu i Išbalamke. U početku je Iškik ćutala i skrivala se od pogleda ljudi. Niko nije uvredio plašljivost njenog pogleda ni poverljivost njene tajne. Bila je devica za sebe i za druge; ali, posle nekog vremena, Kućumakik je primetio da mu je ćerka trudna. (Ona nije ništa sumnjala ni znala istinu dok joj je nije otkrio otac.) Desilo se ono o čemu se ovde priča.

Kućumakik je potražio Hun Kamea i Vukub Kamea i pred njima ozbiljno rekao:

– Tačno je da je moja kći trudna, to je njena i moja sramota. Kažem to posramljen.

Gospoda mu odgovoriše:

– Ako ti to kažeš, onda mora da je istina, postupi u skladu sa zakonom. Nateraj je da progovori; neka prizna istinu i kaže ime krivca. Ako te ne posluša, kazni je jer je to tvoja dužnost. Odvedi je daleko da je niko od ljudi više ne vidi. Svi treba da je zauvek zaborave.

– Dobar je savet koji ste mi dali, slaže se s onim što mislim, postupiću po njemu. S vašim dopuštenjem, odlazim – odgovori otac.

Kućumakik se povukao, vratio se, ćutljiv, svojoj kući i pozvao kći rekavši joj:

– Čije je dete koje nosiš?

– Ne znam, oče, jer dosad nisam upoznala nijednog muškarca.

Kućumakik, naravno, nije poverovao rečima svoje kćeri.

Tužan i besan, pozvao je Sove i rekao im:

– Uzmite Iškik i odvedite je daleko i među rašljama jednog drveta žrtvujte je. Kad bude mrtva, iščupajte joj srce i, kao dokaz da ste izvršili moje naređenje, donesite ga u jednoj čaši.

Sove su poslušale. Potražiše jedan kamen i jednu čašu od opsidijana. Zatim, zajednički uzeše devojku i, dižući je sa zemlje, poleteše s njom kroz vazduh do mesta gde je trebalo da je žrtvuju u skladu s očevom naredbom. Kad su došli do drveta za koje su mislili da je pogodno, odlučiše da je ubiju. Iškik je to razumela i reče:

Nemojte me ubiti, jer nije kopile dete koje nosim u stomaku. Stvorenje koje sam začela je dete Ahpuovog duha. To su mi oni sami otkrili kad sam otišla da posetim drvo na mestu Pukbal Ćah. Istina je. Ne činite ništa protiv mene, dok ne razmislite o rečima koje vam kažem. Znajte da moje srce nema gospodara, meni pripada, moje je i, zbog toga, niste obavezni da me kaznite slušajući nepravedne naredbe. Setite se takođe da niko nikome ne može oduzeti život, bez pravog ra-

Magi

zloga. Zato vam kažem, u svoje vreme, biće mrtvi Hun Kame i Vukub Kame, jer su bili zli gospodari i jer se nisu plašili prisustva duha skrivenog u nevinim glavama Ahpua.

Sove odgovoriše:

– Nećemo te poslušati. Tvoj otac, kao što znaš, rekao je da mu donesemo tvoje srce u jednoj čaši. Odnećemo ga u ovoj koju vidiš.

– Radite po svojoj savesti – odgovori Iškik.

Kad su to čule Sove se odmakoše i porazgovoriše se između sebe, govoreći:

– Neće nas zavesti Iškikine reči. Izvršićemo Kućumakikovu zapovest, bez obzira na to šta ona misli.

Devojka ih prekide:

– Znam šta govorite; ne govorite takve besmislice, jer se nećete pokajati ako me poslušate. Stavite sada, ispod ovog drveta, čašu koju nosite.

Omađijani glasom koji je izlazio iz Iškik, Sove uradiše ono što im je rekla. Zatim u času kanu nekoliko kapi krvi, koje se zgrušaše u obliku srca. Videvši to, Sove rekoše:

– Krv iz srca!

Zatim, zapanjene, dodadoše:

– U redu, prihvatam istinu onoga što se dogodilo, otići ćemo i reći tvom ocu da je to krv koju si dala umesto srca.

– Učinite tako – reče Iškik.

Tako učiniše. Ne dirnuvši devojku, napustiše ovo mesto, i sa krvlju koja ja kapala sa drveta vratiše se u Šibalbu. Vratiše se putem koga su poznavali. Kada je Kućumakik video da dolaze izađe im u susret i, podstaknut od gospode Kame, reče im:

– Da li ste izvršili moju zapovest?

– Evo krvi koju nam je, umesto svog srca, dala Iškik – odgovoriše Sove.

– Dajte mi je; treba da je vide gospodari Šibalbe.

I kad su gospodari sipali u drugu čašu zgrušanu krv, ova buknu kao plamen. Hun Kame reče:
– Stavite ovu krv u vatru.
Sove poslušaše. Krv je gorela i dim koji se iz nje širio bio je blag i mirišljav kao da se izvijao iz busena trave i nežnog korenja. Kad su to prisutni vuideli, behu zbunjeni i nemi i izgubiše prisustvo duha. Sove, raširivši krila, počeše da lete po mraku i dođoše do mesta gde je bila Iškik. Kad su doleteli do nje, skupiše krila i pretvoriše se u njene robove. Iškik im je podarila imena kao znak da joj pripadaju. To je sve što je učinila.

Dok se ovo događalo, Himbac i Hunćouen odmarali su se pored svoje bake Išmukane. Pričali su mirno kad je stigla Iškik. Ona reče baki:
– Čuj me, dolazim ovamo od svoje kuće, ja sam tvoja snaja, tvoja usvojena kći. Takvom me smatraj.

Baka odgovori:
– Ko si ti? Šta to govoriš? Odakle dolaziš? Kako si ovamo došla? Možda si u svojoj kući upoznala jednog od mojih sinova Ahpu? Da li je moguće da ne znaš ono što svi ljudi ove zemlje znaju još od prošle godine? Zar ne znaš da su moji sinovi mučki ubijeni u zemlji Šibalbi? Zaista ti kažem da ne razumem to što govoriš. Jedina bića koja imaju moju krv jesu ova koja ovde vidiš, koja se zovu Hunbac i Hunćouen. Ne prilazi mi. Bojim te se. Tvoje lice ne uliva mi poverenje. Ne znam odakle si došla ni s kakvim namerama. Treba da te oteram. Da, treba da te oteram jer si veoma drska. Da, odlazi odavde. Odlazi brzo. Kažem ti, idi. Neću više da te vidim; ne želim da si pored mene. Idi i ne izlazi mi više na oči. Ne možeš ostati u mojoj kući, jer je ona poštena. Ne pomišljaj da ću te primiti kao gosta.

– Ne ljuti se zbog mene, jer je istina to što kažem. Ponavljam ti da sam tvoja snaja. Sin koga nosim jeste sin Ahpua. Začela sam ga samim prisustvom onoga

Magi

što je od njih ostalo u zemlji za koju si čula. Otkrili su mi svoje postojanje koje će se nastaviti kao duh u predelu koji se ne vidi! Uskoro ćeš videti kako je veličanstven moj sin!
Još bešnja, starica je povikala:
– Sve što kažeš je laž. Ti nisi moja snaja. Osim toga, ne želim da budeš u mojoj porodici. Kao uteha u mojoj samoći dovoljna mi je ljupkost unuka koje imam. Pogledaj kako su visoki i jaki. Liče na džinove od kamena ili drveta. Hunbaca poznajem po širokim ramenima i visini kolena; Hunćouena po čvrstini nogu i veličini ruku. Ti u stomaku nosiš kopile. Ne donosi mi ga ovamo, jer neću da se sramotim tvojom krivicom. Varaš me svojim rečima jer su moji sinovi, kao što dobro znaš, mrtvi.
Iškik odgovori:
– Još jedanput ti kažem da ne lažem. Veruj mi.
Posle jednog trenutka baka reče:
– Ako je istina da me ne varaš, hajde, potrči, donesi mi nešto za jelo. Ne oklevaj; ovde te čekam. Ako ne lažeš, kao što verujem da činiš, moraš znati šta je potrebno za ispunjenje moje želje.
Iškik reče:
– Učiniću kako želiš.
Odmah se uputila u kukuruzno polje koje su pored kuće posejali Hunbac i Hunćouen. Ali na polju se nalazila samo jedna zarkžljala stabljika kukuruza, izrasla među šipražjem i žbunjem. Kad je Iškik to videla, rastuži se u srcu i reče u sebi:
– Prati me nesreća. Kako ću odneti Išmukani pune ruke klasja kukuruza. Polje je pusto i ima samo jednu stabljiku s jednim klipom već uvelim i spržanim od sunca?
U očajanju prizivala je one koji bi joj mogli pomoći u ovom teškom času. Beznadežno je rekla:
– Ćahal, koji čuvaš setvu, čuj me; Ištoh, koji znaš da spremaš kuvani kukuruz, pomozi mi.

Bolno je ponovila dozivanje nekoliko puta. U jednom trenutku osećala je da će se onesvestiti i da joj se približava smrt. Ispružena ispod jednog drveta, poče da jeca. Ubrzo su joj prizvana bića došla u pomoć. Pre nego što je Iškik osušila suze oni joj pokazaše moć kojom su bili obdareni. Učinili su da se kukuruzno polje ispuni obilnim i mirišljavim plodom. Toliko je rodilo, da se klasje presavilo, odmarajući se na zemlji. Iškik poče da ga skuplja. Bilo je tako obilno, da njene slabe ruke nisu mogle da ga pokupe.

Morala su da dođu da joj pomognu lično bića koje je prizvala. Ono što je sakupila Iškik je natovarila na leđa nekih životinja koje su tuda prolazile i koje su se poslušno sagnule da prime teret. Smestila je žetvu u žitnicu blizu Išmukanine kuće. Zatim je pozvala staricu da vidi obilje skupljenog zrnevlja. Videći toliko bogatstvo, starica reče:

– Gde si nabavila ovu silnu hranu? Reci mi, da li si s tim teretom išla preko brazdi koje su na imanju uzorali moji unuci? Da nisi upropastila kanale za navodnjavanje, i staze na kojima rastu visoke ruže? Bojim se da si sve to uništila. Ići ću lično da vidim šta si uradila, jer predosećam štetu. Ne bih ti to oprostila. Skupo ćeš to platiti.

Iškik odgovori:
– Radi kako hoćeš.

Starica zatim ode do imanja i vide da zemlja nije razrovana; da su brazde nedirnute; da su posredi kukuruznog polja kanali bili otvoreni, i da su se, u jednom uglu pored kamenog zaklona, dizale gredice za podupiranje biljaka. Takođe je videla da se usred polja, kao i pre, dizao jedan jedini klas. Kad to vide, ona se začudi. Vrativši se kući pozva devojku i reče joj:

– Zbog onoga što sam videla, znam da je tačno to što si rekla i zašto si došla mojoj kući. Uzimam te, dakle, za snaju; brinuću se o tebi, čuvaću stvorenja koja nosiš i koja će biti blizanci, jer je to obeležje Ahpua

Magi 57

još od davnih vremena njihovog postanka. Primiću u svoje ruke potomke mojih sinova.

Sada će se pričati o rođenju Hunahpua i Išbalamke. Kad je došao čas, Iškik se odvojila od ljudi i sakrila u samoću brda, kao da je htela da se sakrije u čarolijskoj gustini njenih mirisa i šumova. Tako je, usred tamne mirnoće mesta, rodila dvoje dece. Niko, čak ni starica, nije bio prisutan pri rođenju blizanaca. Iškik ih je uzela u ruke, i, sa zanosom ih pritisla na grudi. Tako ih je donela kući. Legla je pokraj njih i bdela, brižna, nad njihovim snom.

Izgledali su i zavijali kao vučići. Starica ih je posmatrala suznim očima, tolika je bila njena sreća. Čim bi se deca probudila, počinjala su da viču. Vikala su besno kao progonjene zveri. Kako su dani prolazili, njihovi krici bili su sve užasniji, i snažni do te mere da ljudi u kući nisu mogli ni da se odmore, ni da se smire. Kao mladunci divljih životinja, udarali su majku u grudi. Noktima nogu cepali su prostirke po sobama. Baka to više nije mogla da podnese i, nezadovoljna, reče:

– Iškik, makar se naljutila, uzmi svoju decu i izvedi ih napolje; odvedi ih daleko odavde i baci ih među kamenje da umru, jer više ne možemo podneti njihove neobuzdane krike, ni kandže na nogama, ni snagu u rukama. Imaju kandže, a ne prste. Liče na sinove tigra, a ne na sinove žene.

Kada je čula ovu optužbu, Iškik se sagnula prema svojoj deci i, očajna počela da ih miluje kao da će ih izgubiti odmah i zauvek. Oči joj se ispuniše suzama. (Nije shvatila značenje bakine zapovesti i, budimo iskreni, ni ona sama nije znala tajnu glasa koji joj je zapovedio ono što je naredila.) Sa sinovima pod rukom, izašla je napolje; tamo je, da je niko ne vidi, mogla da plače do mile volje. Provela je mnogo vremena jecajući pored jedne stene. Kad je palo veče, vratila se s njima kući. Videvši je da ulazi sa sinovima, Hunbac i

Hunćouen, besni, ukoriše je što nije poslušala bakinu zapovest. Silom uzeše blizance; oteše ih iz ruku Iškik; isteraše ih iz kuće i, ravnodušni na majčin bol i očajanje, skoro vukući ih, odvedoše ih daleko do jednog nepristupačnog mesta u planini, daleko od baraka koje su okruživale drvene kuće. Tamo ih ostaviše. Napustiše ih pored jednog mravinjaka da bi ih mučili i proždirali mravi. Sve do kuće, u noćnoj tišini, čuli su se krici dečaka. Zavijali su kao divlje zveri progonjene vatrom i glađu. Od njihovih krikova podrhtavalo je lišće na drveću. Životinje su načuljile uši. Vrelim pepelom majka je izgorela sebi uši da ne čuje njihove jadikovke. Uplašena, baka je plakala.

Ali desilo se da ih mravi nisu ni takli; odlazeći od njih očistili su mesto na kome su dečaci ležali i, osim toga, doneše listove banana, da decu uteše i da im mesto načine udobnijim. Neka se zna da su Hunbac i Hunćouen ovo učinili jer su predosetili moć koju će, vremenom, blizanci steći i veličinu moći koju će koristiti gde god se budu našli.

Tako su Hunahpu i Išbalamke vaspitani u surovoj prirodi brda, u nepogodama, kao razumne zveri. Hunahpu i Išbalamke, kao i ljudi njihove kaste, rasli su slobodno puni hrabrosti i sa odvažnošću koju niko, čak i poznajući ih, ne bi mogao da objasni i shvati. Kad su porasli, počeli su da se bave veštinama kojima su bili obdareni. Bili su pevači, pesnici, pisci i tesari. Rasli su sami, pobeđujući otpor, poslove i nevolje. Tako su stekli spretnost u mnogim veštinama, koristeći svoju mudrost. Nisu učili mudrost već su je otkrili u sebi, kao nešto prirodno, rođeno u njihovoj krvi. Čarolijske tajne njihovih dedova otkrivali su im glasovi koji su tiho putovali kroz noć.

Tako su živeli među zverima, životinjama i gmizavcima. Sva šumska stvorenja slušala su ih kao poslušne životinje, počev od onih koja se rađaju pored domaćeg ognjišta i ne odvajaju se od svojih gospodara. Pratili su ih u stopu, poslušni i bojažljivi, nemi i pognute glave. Niko se nije usudio da ne posluša njihovu zapovest. Hunahpu i Išbalamke hranili su se travom i korenjem koje su čupali iz zemlje, ili ulovljenim pticama i drugim insektima dobrim za jelo. Lovili su strelama izbačenim iz rogova koje su pravili od izglačane šaše. Pili su vodu iz kokosovih i ananasovih ljuski, čiji su plodovi rasli pored puta, puni slatkog i oporog soka veoma ukusnog za jelo. Uprkos svom divljačkom životu nisu prestali da posećuju majku, baku i braću. Sa svima su se jednostavno ponašali i, pred svima, pokazivali veštine koje su znali. Tako je prolazilo vreme. Zbog nadmoći koju su pokazivali, starija braća sve više su ih mrzela. To je bila nema mržnja koja se krila iza grubosti lica. Pretvarali su se da pate. Porodični život tekao je onako kako se ovde priča. U podne, prvo su jeli ukućani; zatim, odvojeno, jeli su mladi blizanci. Za obrok baka i majka spremale su kuvano meso, sveže povrće i tortilju od kukuruza. Ostavljali su ih da jedu sami kao da boluju od neke zarazne bolesti ili kao da su kužni. Oni nisu bili uvređeni zbog ovog prezira, a još manje su pokazivali nemir i neraspoloženje, ovakvo ponašanje podnosili su skrušeno i sa humorom. Kada su Hunbac i Hunćouen jeli nisu ništa ostavljali u polupečenim listovima banane, iz kojih ih je baka služila. Sve bi pohlepno požderali plašeći se da ne ostave ni mrvicu hrane. Hanahpu i Išbalamke, naprotiv, bili su mudri i jedva da bi okusili iz malih porcija hranu koju su im davali. Posle obeda, četvorica ljudi odlazili su u brda da love. Na brdu su čekali da zađe sunce i da morski povetarac ublaži žegu, zatim, u hladovini, lovili su sa zadovoljstvom. Svi su spretno baratali strelama ispaljenim iz rogova. Izgledalo je da se u tome takmiče. S ulovom su se vraćali u kolibu. Posle izvesnog vremena Hunbac i Hunćouen, u svojoj sebičnosti, počeli su da se odvajaju od blizanaca i ostajali su na imanju zabavljajući se raznim igrama. Hunahpu i Išbalamke vraćali su se, kao i uvek, natovareni kunićima, prepelicama, patkama i divljim veprovima. Baka i majka čuvale su i začinjavale meso po starim običajima. Jedno su solile, drugo kuvale, treće sušile na dimu. Vešale su meso na kuke koje su se nalazile na kući pod strehom.

Jedanput se desilo da su se vratili kući, po mraku u kojem se isticala svetlost večernjače, ne donevši nijednu debelu pticu ni životinju. Baka se naljutila i rekla im:

– Šta vam se dogodilo u planini? Zašto dolazite tako kasno? Zašto se vraćate, prvi put posle dužeg vremena, praznih ruku? Možda više ne umete da lovite? Zar ste zaboravili da gađate strelama iz rogova? Ili su životinje koje žive u šumi pobegle? Zašto niste doneli jelene, divlje veprove, prepelice i grlice, kao što ste to obično činili?

Oni, smireno, odgovoriše:

– Evo zbog čega, bako: ptice koje smo lovili letele su tako visoko da su se, padajući, zaplitale u grane drveća. Koliko god smo se trudili nismo uspeli da ih skinemo. Nisu pale na zemlju ni kad smo, udarajući u stablo, tresli grane i bacali kamenje na njih. Krila su im se zaplela među lišćem i puzavicama. Dozvoljavaš li da naša braća, koja su visoka i jaka, pođu s nama i pomognu nam da ih skinemo i donesemo?

– Neka pođu, ako hoće – odgovorila je baka.

– Nema razloga da im ne pomognu – dodade majka.

Hunahpu i Išbalamke pozvaše zatim Hunbaca i Hunćouena i rekoše im ono što su već ispričali baki. Ovi zadovoljno odgovoriše da će ujutru poći u brdo da im pomognu da pokupe ulovljene ptice. Ovde se govori o tome šta se dešavalo u srcima blizanaca. Hunahpu i Išbalamke naslutili su zlo koje se začelo u srcima Hunbaca i Hunćouena. Mislili su u sebi:

Magi

„Naša starija braća žele našu smrt, iz straha i zavisti koje gaje prema nama. Misle da smo ovde samo da bismo ih služili i slušali kao robovi. Zbog te zablude u kojoj žive moramo ih kazniti; samo tako razumeće ko smo mi, šta vredimo i šta možemo. Pravo je da pate zbog svoje zlobe i nemoći da čine dobro." Tako su mislili i dogovorili se, pa legoše na asure da se odmore. U tišini se čulo njihovo mirno disanje. U mraku se čulo jednolično pevanje cvrčaka. Kad je svanulo, četvorica braće se digoše, okupiše se kraj bunara i odoše od kuće, hodali su po planini i zaustavili se pod jednim drvetom, razgranatim i mirišljavim. Odatle su blizanci gađali strelama iz svojih rogova ptice raznobojnog perja i različite veličine. U šumi je bilo bučno kao da su na tom mestu zakazale sastanak sve ptice iz tog kraja. Ali desilo se da ptice koje su ulovili nisu pale na zemlju jer su se zaplele u krošnjama drveća. Kad su to videli Hunahpu i Išbalamke rekoše svojoj braći:

– Vidite li, one ostaju na granama. Vide se i one koje smo juče ulovili. Počele su da trule i da padaju u komadima; one koje nisu pojeli lešinari. Čak ovamo dopire smrad lešina. Hajdemo nekoliko koraka dalje.

Hunbac i Hunćouen videli su da je tačno to što su blizanci govorili. Tamo gore, ranjene ptice borile su se u granju. Hunahpu i Išbalamke dodadoše:

– Vetar odnosi smrad. Zašto ne iskoristite ovaj predah da mirno donesete zapetljane ptice? Popnite se, jer mi to ne možemo. Vi ste visoki i jaki. Popnite se gore i razmrsite krila pticama.

– U redu; popećemo se, ako tako želite – odgovoriše braća.

Odmah su se popeli na najviše grane drveća o kojima su govorili. Ali kad su se popeli na najviše grane, primetili su iznenađeno, da je drvo počelo da raste i kao da se širi, kao da se stablo povećava a grane i grančice se razvlače, savijaju i istežu. Čim su to videli hteli su odmah da siđu, ali nisu mogli; bili su suviše visoko, klateći se na granama koje su se sve više razmicale jedna od druge. Sve više su se udaljavali od zemlje; s visine na kojoj su se nalazili mogli su da obuhvate pogledom prostranstvo šume. Kako su visoko bili! Počeše da viču:

– Ovo drvo nas plaši! Šta se to događa s drvetom! Nikada nismo videli takvo, izgleda kao da je neko drugo. Čini se da se iznenada preobrazilo u diva sa čudovišnim lišćem i korenjem! Sigurni smo da nije bilo tako veliko kad smo se na njega popeli niti je imalo tako čudnovate i isprepletane grane.

Kad su to čuli Hunahpu i Išbalamke, povikaše, dozivajući ih kroz skupljene šake:

– Ne bojte se ničega. Skinite pojaseve; zavežite ih ispod stomaka, tako da vam pupak ostane napolju a krajeve ostavite nazad, kao repove. Samo tako moći ćete da siđete i da se ne povredite. Ovde vas čekamo.

Tako uradiše Hunbac i Hunćouen. Ali u istom trenutku kad su uradili to što se od njih tražilo, pretvoriše se u majmune; u maljave majmune s dlakavom zadnjicom i dugačkim prstima u obliku kovrdža. Ne oklevajući počeše da skaču s grane na granu i da viču kao očajnici. Ljuljajući se, obešeni o puzavice i lijane, udaljiše se s tog mesta i uđoše u šumu. Tako se izgubiše u tami, ispod drveća. Nadaleko su se čuli njihovi krici. Malo-pomalo oni su se mešali sa bukom u polju sve dok nisu iščezli u velikoj tišini tog kraja.

Tako su, zauvek, završili Hunbac i Hunćouen, žrtve moći Hunahpua i Išbalamke. Stigla ih je kazna koju je zaslužilo njihovo neznanje, glupost i bezosećajnost.

Kad su se Hunahpu i Išbalamke vratili kući, pretvarajući se, rekoše starici koja ih je čekala:

– Šta se dogodilo našoj braći? Bili su sa nama dok smo lovili ptice, tada smo, odjednom, videli kako su se popeli na jedno drvo da sa njega skinu ptice, i onda su počeli da vrište na čudan način, očajnički; zatim

Magi

smo videli kako se grče i presavijaju; postaju maljavi i dobijaju njuške; odmah potom izdužile su im se ruke i izrasli su im dugački i mesnati repovi! Pretvorili su se u majmune! Obešeni o svoje repove ljuljali su se i skakali između grana, vrišteći i kreveljeći se, pobegli su i nestali u šumovitim brdima. Nismo ih mogli stići. Izgleda čak da su se podsmevali našem trčanju i dozivanju. U trenutku smo čuli njihove piskave glasove; zatim ih više nismo čuli.

Starica, ne dižući glavu odgovori:

– Ako ste to uradili sa vašom braćom, znajte da mi se ne milite. Nisam se tome od vas nadala. Ova vest ispunjava me tugom. Zaista vam kažem da nije u redu to što ste uradili s vašom starijom braćom; nisu zaslužili da se sa njima tako postupa. Njihova krv teče i u venama vašeg tela. Izdali ste ih.

– Ne budi tužna, bakice, jer kad zaželiš ponovo ćeš ih videti. Oni moraju ponovo doći kući. Brzo će se vratiti, ali kada dođu i zatraže hranu, nemoj im se smejati. Upozoravamo te.

– Ako je istina to što kažete, učiniću tako – odgovori starica, saginjući glavu prema pregači koja joj je prekrivala noge.

Onda su mladići zasvirali ariju koja se još uvek zove Arija lovaca na majmune. Svirali su na šaši, na kornjačinom oklopu i na bubnju od jelenje kože. Kad je čula muziku koja se prijatno i čudno širila, kao da su njeni tonovi činili samo jednu melodiju, šuma se prelila bledim sjajem. Privučeni zvucima, Hunbac i Hunćouen, pretvoreni u majmune, dođoše skakućući. Kad su došli blizu, starica je videla da su zaista imali lice majmuna, da su se kreveljili, kričali, saplitali o svoj rep i verali se rukama. Počela je toliko da se smeje da je morala da se drži za stomak i za vilice. Iškik se iz ugla takođe smejala, ne znajući zašto, ali sa radošću koju nije umela da objasni. Zatim su Hunbac i

Hunćouen otišli besni, nemirni, postiđeni i uvređeni, zato što su im se rugali.

Hunahpu reče:

– Upozorili smo te, bakice. Tvoji unuci vratili su se u planinu, jer si se smejala njima i njihovim majmunskim licima. Sada ti kažemo da možemo da ih dozovemo samo četiri puta. Još nam ostaju tri. Pozvaćemo ih ponovo; ali, upamti: kad ih budeš videla, ne smej se. Tvoj smeh vređa ih i postiđuje. Na kraju će početi da te mrze.

Blizanci su seli pored vatre i zelenim štapovima počeli da čaraju po žervici sa ognjišta. Dok je drvo gorelo i dim se širio vazduhom, čađaveći sve više tavanicu i zidove, počeli su ponovo da sviraju ariju o kojoj se govori. Svirali su je bez odmora, čineći, da na trenutke, bude jaka i ozbiljna. Ubrzo su, skakućući i vrišteći, došli Hunbac i Hunćouen. Skačući i krevelječi se uđoše u kuhinju. Skakali su na veliki krčag i verali se uz dimnjak; trčali su po podupiračima i pravili toliko okreta, da kad su došli do staričinih nogu, ona, ne mogavši da se uzdrži, poče ponovo da se smeje naglas. Njen smeh razlegao se po celoj kući i odbijao se kao eho potočića koji je tekao ispod drveća. Majmuni su odmah ponovo pobegli u planinu. Iškik ih je pratila zapanjenim pogledom. Hunahpu reče:

– Šta to radiš, bakice? Zbog tvog smeha ponovo si ih izgubila. Ipak, probaćemo i treći put, ali, nemoj se smejati.

Ne oklevajući, mlađa braća ponovo zasviraše melodiju. Majmuni se brzo vratiše. Igrali su i skakali bez prestanka i penjali se na tavanične grede u kući. Kreveljili su se, češali se ispod pazuha i izvodili, sa svoje četiri noge, zabavne nestašluke. Zatim, kao da se stide, sakriše lice između nogu. U početku, starica se uzdržala od smeha. Ali kad im je ugledala lice, maljavo i puno bora, ponovo se nasmeja. Majmuni odmah sko-

čiše, uplašeni, i izgubiše se u daljini. Mlađa braća rekoše zatim:
– Ne žalosti se, bakice. Tvoj smeh opet ih je uvredio. Ali dozvaćemo ih ponovo.
I, zaista, počeše opet da sviraju melodiju za koju se zna. Ali koliko god su dugo svirali, nadutih obraza i premećući prste po dirkama flaute, Hunbac i Hunćouen više se ne pojaviše. Onda Hunahpu reče starici:
– Vidiš, neće da dođu. Ne možemo učiniti ništa da se vrate. Krivica je tvoja, ne naša. Nemoj misliti i reći da te nismo upozorili na vreme. Ali ne tuguj; mi ti ostajemo. Mi ćemo te, kao što znaš, hraniti, braniti i zabavljati. Imaj poverenja u nas, kao što si imala poverenja u njih. Neka ti ne pada teško. Moguće je da ćeš čak biti na dobitku, zbog ove promene. Veruj u to što ti kažemo, u našim rečima nema laži i prevare.
Starica ne reče ništa, i kosom obrisa oči. Tako su Hunbac i Hunćouen kažnjeni kako su zaslužili jer su bili tašti i puni neznanja i mržnje u odnosu na mlađu braću. Zlo koje su im želeli okrenulo se protiv njih. Snaga koju su imali nije bila dovoljna da se oslobode propasti koja im je bila pod nogama. Hunahpu i Išbalamke sledili su sudbinu koja im je bila dodeljena.
U to vreme, u zemlji Kiće, živeo je Vukub Gakiš. Pun oholosti, on je govorio:
– Posle poplave koju su donele kiše i pošto se osuši zemlja, preživeli ljudi primiće moje mudro i večno učenje. Jedno od najviših bića koje će im ga predati biću ja. Ja lično, sa svojom moći, pretvoriću se u jednog od bogova stvaralaca. Sve će biti u meni i sve će izlaziti iz mene. Biću najveći među bićima koja su bila i koja će biti, jer je neiscrpna moja mudrost i moja moć nema granica. Biće tako jer su moje oči kao sjajni smaragdi i moji zubi kao drago kamenje i moj nos kao kvarc iz koga blješti svetlost. Zemlja zablista i raduje se zbog sjaja koga prosipam kad izlazim iz skloništa, koje je sveto i tajno mesto za sva živa bića.

Zbog mene će se vaspitavati i biti razumna deca koja se od danas pa nadalje budu rodila na zemlji. Biće tako jer moj pogled dopire daleko, čak do mesta do koga niko nije sposoban da dopre svojim pogledom.

Tako je govorio Vukub Gakiš, ošamućen drskošću svog srca. Ali on nije bio, kao što je verovao, ni sunce ni mesec ni zvezda. Nikada nije ni mogao to da bude. Verovao je u takve veličine jer je video kako sija njegovo metalno lišće svetlošću koja je dolazila sa neba.

Bio je obmanut tom svetlošću. Ni njegov pogled nije dopirao tako daleko kao što je govorio. Mnogo je toga bilo skriveno njegovom pogledu i još više njegovom razumu. Neka se zna da se Vukub Gakiš uzoholio jer je bio okružen sopstvenom maglom.

Neka se takođe zna da je Vukub Gakiš imao dva sina. Jedan se zvao Zipakna, drugi Kaprakan. Obojica su bili sinovi Ćimalmat. Zipakna je verovao da se rodio da pravi planine, ne držeći se nikakvih pravila do svog ukusa i prohteva. Kaprakan je verovao da je isto tako moćan. Mislio je da je njegov posao da pokreće i komeša vrelu unutrašnjost planina. Sva tri bića bila su opasnost za mir ljudi i loši primer oholosti.

Hunahpu i Išbalamke, na takvu podmuklost, rekoše:

– Ova prosta bića prave se važna bez povoda; prave se važna zbog lažnog sjaja koji dolazi spolja; zbog nečega što je prirodno i posledica onoga što živi i samo se po sebi događa. Ništa od onoga što veruju da su uradili nisu zaista uradili, jer sve je to stvorio sam život. Sve što ta bića govore stvar je njihove taštine i tvrdoglavosti. Istina je u onome što je izvan njih. Niko ne treba da se uzoholi zbog nečega što je tuđe i izvan njegovog sopstvenog bića.

Dok su blizanci ovo govorili, Vukub Gakiš reče u svojoj usamljenosti:

– Ja sam sunce.

Zipakna reče:

– Ja sam stvorio planine koje se vide na zemlji.

Kaprakan reče:

– Ja pokrećem unutrašnjost koja je ispod onoga što se vidi.

Na isti način, otac i sinovi, osećali su ludačku oholost i, puni taštine, išli su okolo pričajući o moći koju su verovali da imaju. Zato se Hunahpu i Išbalamke dogovre da unište ova zlobna stvorenja. I kako su smislili, postavili su sebi zadatak da to i izvrše svojim oružjem i veštinom.

O tome se govori u nastavku.

Vukub Gakiš seo je ispod jednog drveta, s namerom da jede plodove koji su padali, zreli, žuti, sočni i miršljavi; iz njih je cureo med. Tako, dok je jeo, zadovoljan, grickajući semenke, zabavljao se mislima o svojoj moći. Primetio je, iznenada, da se uz stablo drveta, na koje je bio naslonjen, penju dva bića prema visokim granama. To bejahu Hunahpu i Išbalamke. Oni su seli između grana i šćućurili se ispod grančica koje su bile u blizini. Tu su ostali, ćuteći, nepokretni, kao da su drveni kipovi. Dugo su tako sedeli, nepokretni, tako da im ptice, bez straha, sleteše na glavu. Kada je Vukub Gakiš bio najviše zauzet jedući, Hunahpu, koji je bio hrabriji, ispalio je glinenu loptu i strelu iz luka. Ova je naglo izletela i pogodila Vukub Gakiša tačno u vilicu. Otkotrljao se slomljene vilice. Videvši da je pao, Hunahpu se spustio s drveta, hteo je da ga veže, ali nije mogao, jer je ranjenik vešto skočio, naglo se okrenuo protiv napadača, zgrabio ga za rame, prodrmao ga i besno mu iščupao ruku. Čuo se samo jedan uzvik.

Zatim je Hunahpu, ožalošćen svojim porazom, rekao:

– Ovo mi se dogodilo jer nisam odmah ubio Vukub Gakiša. Moja je greška to što mi se dogodilo. Moram je strpljivo podnositi. Treba da se stidim. Zaslužujem bol. Platiću sa zadovoljstvom.

Vukub Gakiš, kako je mogao, odvukao se do pećine u kojoj je živeo i koja se nalazila nedaleko od tog mesta. Poneo je sa sobom krvavu ruku Hunahpua. Ušao je u pećinu i odmorio se. Zatim je počeo da viče otegnutim i žalosnim kricima, nedostojnim njegovog skoro božanskog položaja. Kada ga je videla ranjenog i čuvši njegovo kukanje, Ćimalmat mu se približila i rekla:

– Reci, ko je hteo da te ubije?

– Ne pitaj ko, već koji; to su oni drski i razuzdani mladići koje ti poznaješ po njihovim delima gde god se pojave, skriveni među granama jednog drveta, ispalili su glinenu loptu lukom i strelom, tvrdu, veliku i šiljatu loptu. Vidiš kakvu su mi povredu naneli; ali me nisu ubili kao što su želeli. Da su me ubili, u ovo doba lažljivci bi me pekli na vatri, nabodenog na kolac.

Dok je Vukub Gakiš ovo govorio, Hunahpu i Išbalamke su takođe razgovarali, sedeći na jednom kamenu kraj puta. Razgovarali su sa jednom staricom tako pogrbljenom i uvelom zbog godina i siromaštva, koja je gledala u zemlju ne dižući pogled; i sa jednim sedim starcem duge i retke brade koji je, isto tako gledao samo u zemlju. Starica se zvala Zaki Nim Ak, a starac Zaki Nima Tzis. Mladići su im rekli, kao uzgred, ne gledajući im u lice i pokušavajući da ih ubede, ove reči:

– Imali smo sreću da u pravi čas naiđemo na vas. Došli ste u zgodno vreme. Otpratićete nas do pećine u kojoj se krije Vukub Gakiš, jer treba da nađemo ruku koju je poneo sa sobom. Učinićemo ovako. Ići ćemo iza vas; kad stignemo do pećine Vukub Gakiša, ciljajući na nas reći ćete mu ovako:

– To su naši unuci; odavno su ostali bez roditelja. Pretrpeli su veliku nesreću. S tim mladićima idemo i prosimo. Ali nismo ni probisveti ni lenjivci, jer ima-

Magi

mo časno zanimanje. Znamo da vadimo crve iz usta. To ćete reći i ništa drugo. Reći ćete to kako Vukub Gakiš ne bi posmunjao i da bi stekao poverenje u nas, da bi slobodno otkrio svoja osećanja.

Na to je starica odgovorila:

— Razumeli smo dobro; tako ćemo i učiniti. Hajdemo, kasno je već.

Starčić je dodao:

— Požurimo, noć se već spušta.

I s namerom o kojoj je bilo reči odoše do pećine. Vukub Gakiš urlikao je od bola koji mu je zadavala slomljena vilica. Kad je video da se stari približavaju, reče im, istežući vrat koliko je više mogao, prenemažući se od očajanja:

— Odakle dolazite, stari, u ovo doba?

Ovi odgovoriše u horu:

— Tražimo gospodara koga ćemo služiti.

— U redu; želim vam da ga nađete; ali, recite mi, od čega živite u ovim nenaseljenim krajevima? A ti mladići koji idu za vama, ko su oni? Jesu li vaši sinovi? Zašto im je lice namazano ugljem i kosa prljava od žute zemlje i zubi od drveta sličnog jabuci? Niko ne može saznati, zbog takvog prerušavanja, ko su i kakvo im je lice ni da li su ovde rođeni ili u nekom drugom kraju. Kakve divne stvari znaju da prave! Kako skaču! Liče na jelene zbog svoje veštine i ljupkosti!

— Nisu naši sinovi; oni su naši unuci, s njima tražimo posao kad ne možemo da zaradimo ništa sopstvenom snagom. Ono što zaradimo ili nam svet da, podelimo s njima. Pristojni su; iz dobre su porodice; imaju isti duh kao njihovi pokojni roditelji koji su bili umetnici u mnogim veštinama. Zabavljaju nas svojom umešnošću. S njima se, raspoloženi, smejemo. Zbog onoga što izvode pred nama, život nam je snošljiv.

Zatim je Vukub Gakiš ponovo upitao:

— Ali recite mi već jedanput koje je vaše zanimanje?

— Vadimo crve iz usta; lečimo bolesti očiju i bolove u kostima.

— Kakvu sreću imam! Sudbina ih je dovela do moje pećine. Molim vas da mi se približite i da vidite zbog čega me tako boli vilica. Mislim da je slomljena. Od bolova ne mogu ni da se odmorim ni da spavam. Osim toga, muče me oči; ne mogu da ih zatvorim. Izgleda da su natečene; kao da hoće da iskoče. Skoro da ne vidim. Jao meni; nikad me nije bilo toliko strah. Ali, šta da vam pričam? Znajte da su me dva drska mladića, iz zasede, pogodila glinenom loptom i zadala su mi ove rane i ovo zlo koje me muči. Kad bih znao gde su, pošao bih da ih tražim i da kaznim toliku raspusnost. Kao što vam rekoh, vilica mi je slomljena, osećam da mi se zubi klate; ne mogu skoro ni da govorim, zaista me mnogo košta da otvaram i zatvaram usta. Svaka reč koju izgovorim izaziva mi bol i umor. Da mi ne bi ispali, moram zube da držim prstima, klate mi se u desnima kao da sam starac.

— Slušali smo te pažljivo. Daj sada da te pregledamo. U redu. Crvi ti smetaju, sigurni smo da su to crvi. Zloćudni crvi, bez sumnje. Povadićemo ti zube. Približi se još, lezi sa glavom prema nama, ne miči se, budi strpljiv.

— Nemojte mi naneti zlo, jer zubi koje imam moj su ponos i moje bogatstvo, od smaragda su.

— Ne žalosti se zbog toga, stavićemo ti druge, nove, stavićemo ti jedne koji će izgledati kao da su od bele kosti. U tvojim ustima sijaće isto kao i tvoji. Neće biti nikakve razlike.

— Ako je tako, slažem se, izvadite mi moje, ali brzo, jer ne mogu više da podnosim bol.

Onda su stari, s veštinom koju su znali, izvadili zube Vukub Gakišu, i na njihovo mesto, stavili mu zrnca belog kukuruza koja su sijala kao pravi zubi.

Zatim, pričvrstiše mu glavu natraške, praveći se kao da mu leče oči. Jednim trnom, izvadili su ih za tren. Kad je Vukub Gakiš kriknuo već je bio slep, raširio je ruke, očajnički se uspravio, i pao skrhan. Bio je mrtav.

Tako je Vukub Gakiš izgubio svoje zube, za koje je verovao da blistaju, kao smaragdi, u njegovim ustima, ugasio se takođe lažni sjaj njegovih očiju. I samo tako, njegovom smrću, mogla se uništiti njegova oholost, što je i učinjeno, kao što je rečeno, zahvaljujući veštini Hunahpua i Išbalamke. Kad je Hunahpu video da je Vukub Gakiš mrtav, uzeo je svoju ruku. Stari mu je ponovo namestiše na rame i uskoro ju je mogao koristiti kao da je nikada nije izgubio. Pokretao ju je po volji. Čimalmat, očajna, umrla je takođe, pored jednog drveta. Kažu da su njene kose, omotane kao kore drveta, procvetale jednog dana i dale ploda. Pošto su Hunahpu i Išbalamke ispunili Uraganovu zapovest, otišli su kući spokojnog duha.

Da vidimo šta je, u međuvremenu, uradio Zipakna. Zipakna je ponavljao, bez prestanka, kao lud:

– Ja pravim planine! Ja pravim planine! Niko drugi sem mene ne može ih stvoriti. Jedino ih ja mogu napraviti tako velike i visoke i pune pećina i nastanjene životinjama i pune vegetacije.

Tako je govorio i ponavljao, boraveći kraj tihe reke, bistre i mirišljave od cvetova limunova i narandži koji su rasli pored obale. Tako je govorio kad su se pojavili, vičući i besneći, neki mladići koji su, sa teškom mukom, vukli jedno drvo koje su isekli na planini. Vukli su ga da bi napravili grede na svojim kućama. Kad ih je video tako umorne i bučne, Zipakna, izlazeći iz reke u kojoj je ležao, reče im:

– Recite mi, šta radite?

Jedan od onih mladića, zaustavivši se, znojav, odgovori:

– Već vidiš, prenosimo ovo stablo.

– Vidim, ali zašto to radite?

– Da postavimo grede za naše kuće – odgovori isti mladić.

U redu.

– To verujemo.

– Pomoći ću vam, ja ću nositi stablo, jer sam jak i neumoran.

– Ako to želiš, nećemo se protiviti.

– Da, to želim. Recite mi kuda da ga nosim.

– Na naše imanje, koje je ovde blizu, iza ovog brega.

– Hajdemo, dakle.

Praveći prolaz između mladića – bilo ih je četiri stotine – Zipakna je počeo da vuče stablo koje je, zaista, bilo veliko i čvornovato. Mladići se posavetovaše, prodiskutovaše lukavo, dok je Zipakna vukao umesto njih. Odlučiše da ubiju Zipaknu. To su odlučili jer su znali za njegovu oholost, za njegove namere, za njegove ludosti, i znali su koliko je opasan zbog velike snage koju je nosio u telu. Takođe su znali da nema savesti. Bio je, u svom ponašanju, rukovođen samo instinktom. Mogao je da iskoristi svoju snagu na zlo kao i na dobro. To se svodilo na isto. Dok se Zipakna udaljavao vukući stablo u pravcu imanja, mladići se dogovoriše šta da rade. Zatim rekoše:

– Kopaćemo jednu jamu i zamoliti Zipaknu da se spusti na njeno dno. Reći ćemo mu ovako:

– Hajde, završi naš posao, kad si već tako dobar, pomozi nam. Kopaj malo ti, jer smo mi već umorni. I kad već bude dosta iskopao, bacićemo na njega najveću gredu koju budemo istesali, da umre teškom smrću od udarca i pod njenim teretom.

Onda, pretvarajući se, mladići počeše da kopaju jamu u zemlji koja im je pripadala. Kada su malo iskopali, pozvaše Zipaknu, koji je već ostavio, na pogodnom mestu, stablo koje je dovukao. Odmarao se na jednom kamenu, znojav i zagrejan. Ruke i noge bile su mu toliko natečene od silne snage. Ponovo je rekao:

– Ja pravim planine! Ja pravim planine!
Mladići ga prekinuše:
– To već znamo, ali sada pođi sa nama. Pomozi nam, već smo dosta kopali. Umorni smo od tolikog napora. Nastavi da kopaš ti, koji imaš neiscrpnu snagu.

Zipakna je bio polaskan ovim rečima, udvostručila se njegova taština, približi im se i reče:
– Vidim da me poznajete. U redu, nastaviću da kopam kada to od mene tražite.
– Kad budeš dosta iskopao, zovi nas – dodadoše mladići.
– Tako ću učiniti. Budite mirni, jer ću završiti posao koji ste mi dali.

Ali Zipakna je razumeo zloću s kojom su istupali mladići, shvatio je da hoće da ga ubiju, ali nije znao zašto. Kada su mu rekli šta treba da uradi, ušao je u jamu koja je bila napola iskopana. Kad je već bio u njoj, umesto da kopa u sredini, da bi je proširio, počeo je da kopa kraj jednog od njenih zidova. Kad je završio, ušao je u nju da se spase. Iz nje je, šćućuren, povikao:
– Dođite da izvadite zemlju koju sam iskopao!

Morao je da ih zove više puta. Kad su ga čuli, mladići se, oprezno, približiše jami. Tihim glasom, govorili su između sebe ovako: Budimo pažljivi, pričekajmo da ponovo vikne, stavimo, u međuvremenu, najveću gredu na ivicu jame i, kad ponovo pozove, bacićemo je na njega.

Tako su i učinili. Kad ih je Zipkana pozvao, baciše na njega, brzo, gredu. U istom trenutku Zipkana je kriknuo kao da je ranjen, zatim je zakukao još nekoliko puta, kao da je u ropcu, onda je zaćutao kao da je zaista umro.

– Mrtav je – rekoše mladići tihim glasom! – Kako smo dobro izveli to što smo naumili! Napravićemo piće da proslavimo smrt oholog Zipakne. Sutra ćemo doći da ga vidimo i da utvrdimo da li iz zemlje izlaze crvi i mravi. To će biti znak da mu se telo raspada. Ako se tako dogodio, ispićemo, veselo, naše uzavrelo piće.

Ali Zipakna je slušao, tužno, iz pećine, ono što su mladići govorili. Odlučio je da se osveti. Kao što su mladići očekivali, videli su na zemlji sledećeg dana mrave i crve kako vuku vlasi kose i parčiće noktiju. Videvši to mladići su počeli da viču, puni zlobne radosti. Vikali su ovako:

– Umro je taj zlikovac! Umro je taj zlikovac! Umro je, zauvek, taj zlikovac!

Ali je Zipakna, kao što znamo, bio živ, bez ijedne rane i ogrebotine. On sam je mravima dao vlasi svoje kose i parčiće noktiju. Prevareni, mladići su veselo pripremali piće. Pustili su ga da prevri na toplom i vlažnom mestu, i, posle nekoliko dana, opiše se njime. Pijani, teturajući, kao životinje, išli su stazama imanja na kojem su živeli sve dok nisu popadali na pragove kuća i pored ograda svojih imanja ili usred trga na kojem su obično igrali. Svima su bila otvorena usta. Iz njih je izlazio smrdljiv i hladan znoj, dok im je između zuba tekla gusta i crna pljuvačka. Iz otvorenih pora izbijao im je kiseo smrad.

Za to vreme, Zipakna je izišao iz svog skrovišta, sakrio se u šipražju u razvalinama starih kuća, ujedinio je snage koje su mu preostale u rukama, u bedrima i u vratu, razgibavao se, protežući se i savijajući se, napredovao je prema sredini imanja, tu se ispravio koliko god je mogao, digao potpornje koliba i, neprimećen, iščupao ih iz njihovih rašlji. Zatim ih je, brzo, pustio da padnu. Tako je krov pao na glave mladića. Svi su izginuli pritisnuti težinom greda i granja. Čuo se jedino dug i prodoran krik. To i ništa drugo desilo se u ovoj zemlji. Ali neka se zna da se istorija ovog događaja ne završava ovde, kao što će se to posle videti.

Sada se priča na koji je način, najzad, bio pobeđen Zipakna, zahvaljujući lukavstvu i mudrosti Hunahpua i Išbalamke. Oni su tugovali zbog smrti četiri stotine mladića. Utučeni, blizanci su u samoći razmišljali o tome šta treba da urade da bi kaznili Zipaknu, koji je već dao toliko dokaza oholosti i zla. Ubrzo su našli rešenje i pogodan trenutak da izvedu ono što su naumili. Desilo se da je Zipakna tražio za jelo morske i rečne rakove i ribe u barama i jezerima tog kraja. To je bio njegov običaj. Od njega nije odstupao. Preko dana išao je s jednog mesta na drugo, tražeći hranu, onu koju je nalazio sočnu i svežu, stavljao je na sigurno mesto da je niko ne ukrade, i tako, kad je bio gladan, mirno ju je proždirao. Noć je provodio praneseći planinsku masu s jednog kraja na drugi. To je radio, kako je njemu izgledalo, tiho i spretno. Niko nije znao šta to Zipakna radi. Tako je on živeo, zadovoljan, otkad se rodio.

Kad su Hunahpu i Išbalamke videli šta je Zipakna radio tokom dana, napraviše jednog velikog raka. Sačinili su ga od blata. Oči su mu izvajali od žutog cveta koji raste u močvarama. Telo su mu oblikovali da izgleda kao da je od mesa, na ovaj način: od šaše mu načiniše noge i stomak s oklopom od jednog izglačanog kamena sive boje. Kad su ga završili, staviše ga na dno jedne pećine koja je bila u podnožju planine Meavan. Zatim Hunahpu i Išbalamke odlučiše da potraže Zipaknu na mestu gde je obično skupljao hranu. Nađoše ga, zaista, pored reke koja je tekla kroz kamenje i paprat. Tamo je u vodenoj struji nešto čarao jednom granom. Videći ga tako zanetog, rekoše:

– Šta radiš ovde?
– Tražim hranu – odgovorio je.
– Šta tražiš tako uporno?
– Ribe i rakove; ali kažem vam da danas imam loš dan. Nisam ništa našao. Već duže nisam ulovio ono što želim, zaista sam tako gladan; već me stomak boli od gladi koja me muči. Koža stomaka mi se lepi za leđa.

– Ne tuguj, sve će se dobro svršiti – odgovoriše mu, skoro u isti glas, blizanci. – Zamisli šta smo videli, u podnožju planine Meavan – jednog raka. Toliko je velik da ćeš moći od njega da živiš nekoliko dana. Mora da je pun mesa i masti. Toliko je debeo da ne može da se pomakne. Mi smo želeli da ga uhvatimo, ali nismo mogli, uprkos naporu; suviše je jak; suviše je velik, sem toga, mi ne možemo da stanemo u pećinu u kojoj se sakrio. Uzalud smo se borili sa njim; u jednom trenutku zaboravili smo se i zamalo da nam je iščupao ruke svojim kleštima. Mora da su veoma oštra jer je, besan, počeo da mrvi kamenje koje je tamo bilo. Zaista nas je uplašio. Hoćeš li da ga vidiš? Hoćeš li da pođeš s nama? Hoćeš li ti da ga uhvatiš? Reći ćemo ti tačno mesto gde se skriva.

– Da, hoću da ga vidim.
– Hajdemo.
– Ići ćemo obalom reke koja ovde teče; pratićemo njen tok i kad dođemo u podnožje planine o kojoj smo ti govorili, zadržaćemo se na ulazu u pećinu u kojoj se skriva rak.

– Prateći vas, neće mi biti zamorno putovanje. U međuvremenu moći ćete putem da lovite ptice. To će biti dobra zabava koja će nas sve razveseliti.

– U redu, sviđa nam se tvoj predlog. Hajdemo, dakle, otpratićemo te do pećine. Ali upozoravamo te još jedanput, ti ćeš ga uhvatiti sam, bez naše pomoći.

– Dogovoreno je.
– Još ti kažemo: u pećinu ćeš ući licem prema zemlji, da bi mogao bolje da se sagneš i da ne dižeš buku.

– Tako ću učiniti, ako je to potrebno.
– Ne gubimo više vreme.
– Hajdemo.

Hodajući dugo stigli su do mesta gde se nalazio tobožnji rak. Kad ga je video tako velikog i trbušastog, svetlih klešta i oklopa pokrivenih zelenilom i mahovinom, Zipakna je bio veoma zadovoljan; pocurila mu je pljuvačka i bljesnuli su mu zubi iz debelih i mesnatih ustiju. Mladići su se približili raku i pretvarali su se, užasnuti, da ga se plaše i da ne mogu da ga uhvate. Videći to, Zipakna reče, obmanut:

– Zar je moguće da ne možete da ga uhvatite? Zar je tako opasan?

– Uverio si se već. Nemoguće nam je da ga uhvatimo. Već smo ti rekli, bojimo ga se. Samo ulazeći licem prema tlu i puzeći po zemlji moguće ga je uhvatiti. Hajde, živni, uhvati ga, ščepaj ga, da se ne bi uplašio i pobegao, približi se oprezno, da te ne rastrgne svojim kleštima, pokušaj već jednom, ako hoćeš.

Zatim je Zipakna ušao u pećinu onako kako su mu rekli, to jest, puzeći na stomaku. Kretao se nečujno i oprezno. Zatim, da bi bolje video svoj plen, podiže glavu. A u trenutku kad su njegove noge nestale na ulazu, braća se približiše da osmotre šta radi. Već je hteo da ščepa raka, kad su ovi, tresući stene pećine, učinili da se ove sruše s bukom i prašinom. U ruševinama ostao je priklješten Zipakna. Urliknuo je, telo mu je zadrhtalo za trenutak i, odmah se pretvorilo u kamen. Odatle potiče belo i glatko kamenje koje na putevima zemlje Kiće nalaze putnici i prolaznici. Pričaju da kad se natopi kišom, vlažno, kuka kao što je onda zakukao Zipakna. Tako je završio život onaj koji se oholo hvalisao da pokreće brda i planine i da je sin pokojnog Vukub Gakiša.

Sada ćemo pričati kako je umro Kaprakan, drugi sin Vukub Gakiša. Dogodilo se ovako. Uragan je došao i rekao Hunahpu i Išbalamki sledeće:

– Ne zaboravite ovo što ću vam reći. Potrebno je pobediti Kaprakana. To želim da učinite vi, jer nije u redu da Kaprakan pokušava da se izjednači s bogovima. Njegova veličina ne može se porediti s veličinom nijednog boga. Sve je u njemu lažna i nerazumna oho-

lost. Na prevaru ga odvedite u pravcu izlaska sunca. Tamo ćete uraditi onako kako treba.
– Tako ćemo učiniti – rekoše blizanci.
– Učinite to bez odlaganja – dodao je Uragan.
– Učinićemo kako kažeš, jer je tako pravo. Razumemo da nije u redu da Kaprakan bude takav kakav jeste, niti je u redu što laže.
– Izvršite to što je zapoveđeno – zaključio je Uragan.

Braća odoše.

Upravo tada, Kaprakan je bio zanet svojom zabludom, to jest, pokušavao je da uznemiri unutrašnjost planina. Verovao je da ih uskomešava blagim pritiskom nogu. Tako se zabavljao kad su ga pronašli mladići o kojima je reč.

Videvši ga, upitaše:
– Šta to radiš, Kaprakane?
– Vidite i sami, rasturam planine, to radim da bi izašla svetlost i zasjao dan. Ali kad sam vas već video, recite mi: šta vi radite u ovim usamljenim krajevima? Nikad vas ranije nisam video. Koja su i šta znače vaša imena?
– Nemamo imena niti smo ih ikada imali. Kao što vidiš, mi smo lovci, siromašni smo, nemamo ništa. Nijedan ukras ne sija na našim odelima, ne nosimo ni ogrlice ni prstenje, jedino znamo da postavljamo zamke za ptice. To, a ne drugo, je naša zabava. Zaista ti kažemo da dobro gađamo. Niko nam nije ravan u tome. Nijedna nam ptica ne pobegne. I tako, srećom, tumaramo po skrivenim vrletima planina. Zato ti sada kažemo: dolazimo s jedne velike planine koja izgleda kao da je presečena na vrhu. Da li je tačno da ti možeš da srušiš planinu i da izvučeš svetlost iz njenih stena?

Kaprakan odgovori:
– Naravno da je tačno. Ko u to može posumnjati? Ali da li je tačno da ste videli planinu o kojoj govorite? Možete li da mi kažete gde se nalazi? Potrebno je

Magi

da vidim da li su njene stene dobre i da li je mesto na kojem se nalazi pogodno? Ako hoćete, hajdemo do mesta gde se nalazi. Samo da vidite šta mogu sa njom da radim, u skladu s onim čime sam obdaren.

– Blizu je odavde, tamo gde izlazi sunce – odgovoriše blizanci.

– Pokažite mi put.

– Bolje je, ako hoćeš, da te otpratimo do mesta u njenom podnožju gde počinju da se račvaju putevi. Inače možeš da se izgubiš u vrletima šume koja je okružuje. Osim toga, predeo je opasan jer u njemu ima puno divljih i otrovnih životinja. Hajdemo zajedno, uzajamno ćemo se pomagati. Otpratićemo te, hajde s nama. Zbog sigurnosti, ići ćeš u sredini. Dok budemo išli, možda ćemo, kojim slučajem, moći da ulovimo neku pticu, iako sumnjamo, jer ih oštar vetar koji duva rasteruje.

– Prihvatam; hajdemo, dakle.

Tako su, sva trojica, išla putem. Mladići su predvodili, zadovoljni, jer su, protiv svakog očekivanja, imali priliku na svakom koraku da isprobaju nišane svojih strela. Ali neka se zna, da kad su gađali, nisu koristili ni drvenu ni glinenu loptu niti bilo šta drugo. Samo su duvali u njih dahom koga su ispuštali – bio je tako jak – ptice su padale pogođene. To je zadivilo Kaprakana, koji nije znao ni šta da kaže, ni šta da misli. Oko podne, pošto su dugo išli po vrletnim predelima, zaustavili su se, znojavi i zaduvani, na jednom zgodnom mestu osenčenom granama jednog drveta sa ogromnom krošnjom. Tu su se odmorili. Vetar im je duvao u lice. Mladići su zapalili vatru, napravili ražanj i na njega natakli nekoliko ptica koje su ulovili na tako tajanstven način. Jednu od ovih ptica namazaše krečom. Na miris prženog mesa, Kaprakan oseti glad, i to je rekao mladićima. Ovi, odvojivši se, rekoše među sobom:

– Zahvaljujući ovoj ptici namazanoj krečom, učinićemo da prestane njegova glad i da počne njegova smrt. Ako upita zašto je bela reći ćemo da je to boja najmirisnije trave kojom se začinjava ptičije meso. Takođe ćemo mu reći da nas je tome naučila majka koja poznaje kuvarske veštine.

Dok su tako govorili, okretali su ptice na ražnju. Zlataste ptice ispuštale su miris gorak i sladak koji je godio čulu mirisa i izazivao vodu na usta. Iz njih su se cedile krv i masti i vazduhom se širio blag dim. Od ovog blagog podsticaja, Kaprakan je njuškao, vlažila su mu se usta, navirala mu je pljuvačka i jezik mu se stalno pokretao. Željan, konačno je rekao:

– Sigurno je da ovo mesto ima dobar miris. Dajte mi jedan komad, može i mali; umirem od gladi. Apetit mi se otvorio. Ne mogu više da izdržim.

Zatim mu mladići, pretvarajući se, dadoše komad mesa od one ptice koja je bila namazana krečom. Ništa ne primećujući, Kaprakan ju je pohlepno pojeo. Pošto je pojeo, ne ostavljajući ni mrvicu, bacio je kosti i udahnuo s uživanjem.

Mladići pokupiše ostatke pržene ptice i, stavljajući ih u torbu, nastaviše da hodaju. Kroz šipražje i žbunje išli su ka planini o kojoj se govorilo. Išli su bez muke. Kad se odjednom Kaprakanu opustiše ruke, poklecnuše mu noge, iskrivi mu se vrat i, očigledno, izdadoše ga snage. Onesvestivši se, pade na zemlju skoro nepokretan. Prevrtao se po zemlji u očajanju. To se dogodilo kad su stigli blizu planine Meavan. Tako, pobeđen, nije mogao da učini ništa. Nije imao snage ni da zagrebe zemlju. Iznemogao, ostao je na njoj. Blizanci ga nisu ostavljali na miru već su tražili da izvrši svoju obavezu. Ismevali su njegovu nemoć. Kad su videli da nije mogao ni da se pokrene, ni da otvori oči i da je kao nekorisna krpa, zavezaše mu ruke pozadi, zavezaše mu vrat za noge, i tako presavijenog, staviše ga u jamu koja se tu nalazila. Kamenovali su ga i gur-

Magi 81

nuli u ponor i pokrili ga zemljom i đubretom. Tako je završio Kaprakan zbog oholosti kojom se razmetao ovde u zemlji Kiće. Združeni da izvrše ovu pravdu, u ime Uragana, bili su blizanci Hinahpu i Išbalamke.

Pošto je ispričana smrt Vukub Gakiša i njegovih sinova Zipakna i Kaprakana, dobro bi bilo da se sada govori, o poslu koga su obavljali blizanci. O tome će se pričati na sledećim stranicama ove hronike.

Kad su izvršili to o čemu se govorilo, Hunahpu i Išbalamke pomisliše da treba da uvećaju slavu Iškik i Išmukane. Celu noć proveli su razmišljajući o planovima koje je trebalo da ostvare u budućnosti. U svanuće, kad su grlice tužno zapevale, odlučili su da obrade kukuruzno polje u blizini svoje kuće. S tom namerom približiše se starici i rekoše joj:

– Ne budi tužna, bako, znaj da ćemo zasejati imanje koje si nasledila i da ćemo te, sa zadovoljstvom, hraniti onim što proizvedemo na imanju. Igraćemo u tvom prisustvu naše igre da bi se, zajedno sa Iškik, razveselila i zabavila i da bi ti se skratili večernji časovi. Tako ti neće nedostajati naša iščezla braća.

Baka je slušala ove reči, u tišini, i sa skrivenim bolom odgovorila tiho:

– Neka bude tako, ako je to tačno, i ako je to volja mojih unuka.

Iškik takođe reče:

– Činite kako hoćete, ako je tako pravo. Tako ćemo učiniti, jer tako nam zapoveda naše srce – odgovoriše blizanci.

Zatim Hunahpu i Išbalamke odlučiše da odu u polje. Uzeše svoje sekire i ašove. Na ramenima su poneli rogove sa strelama. Kad su odlazili rekoše baki:

– Kad vidiš da je došlo podne, spremi hranu, stavi je u jednu tikvu, ponesi nekoliko tortilja i donesi nam to sve na imanje gde ćemo te čekati. Ješćemo u senci nekog drveta.

Starica, ožalošćena, ne dižući oči, odgovori:

– Izvršiću vaš nalog. Kao što želite, doneću vam hranu u podne.

I tako su braća otišla u polje da obrađuju zemlju. Uzorali su brazde i zasejali kukuruz, pasulj, voće i povrće. Zatim su isekli grane, puzavice, lijane i stabla drveta. Okrenuše i zavezaše trupce da ih nose kući. Od stabala napraviše vatru a od puzavica tor. Radeći to, videše grlicu koja je skakutala po drveću i kljunom gradila gnezdo na najvišem mestu. Pozvaše je i rekoše joj:

– Popni se još više i gledaj. Kad budeš videla da dolazi starica koju već znaš zaguči da bismo znali da nam se približava. Tako ćemo se spremiti. Ti znaš zašto to želimo.

Grlica, istežući vrat, odgovori:
– Ne brinite, umeću da ispunim vaš nalog.

I braća, verujući da će ih grlica opomenuti, napustiše obrađivanje zemlje i počeše da love ptice.

Gađali su ih strelama iz rogova. Morali su da izoštre nišanjenje jer je bilo prašine. Južni vetar duvao je kroz taj kraj i povremenim naletima dizao prašinu sa zemlje i plevu sa gumna. Kad su se najviše zaneli lovom, čuli su grličino gukanje. Brzo su dograbili ašove i pretvarali se da obrađuju zemlju. Tako ih je, znojave i umorne, našla starica. Grimasama su joj pokazali koliko su bili umorni od zemljoradničkog posla koji su radili od jutra. Starica je, tiho, stavila na jedan kamen ručak koji je spremila. Mladići, čučeći, počeli su da jedu s uživanjem. Starica je celo vreme ćutala, bez ijedne reči, kao da je muči velika tegoba. Oči su joj bile pune suza. Kada su mladići završili s jelom i popili gutljaj vode sa medom, starica je uzela tikvu i vratila se kući. Blizanci pobacaše mrvice od jela po zemlji da bi ih pokupile ptice. Čim su ponovo ostali sami, počeše da love. Kad je palo veče pokupiše svoj alat za rad. Prešli su preko brda u trenutku kad je sunce zalazilo za planinu, a zvezde se pomaljale na nebu. Došavši

Magi

kući, staviše alat u ćošak, sedoše na stolicu, protegliše noge i ruke, zevnuše glasno i protrljaše oči. Zatim, bez povoda, rekoše:
– Zaista smo umorni.
– Onda treba da se odmorite – reče im baka.

Ostadoše ćuteći neko vreme, utonuše u dremež, zatim, kad je pala noć, približiše se vatri u kuhinji, raspališe žeravicu i dunuše u pepeo. Za trenutak preplavi tamu mnoštvo iskri, koje su zasjale u vazduhu i brzo se pogasile. Napolju, iza ograde od kamenog zida, čuli su se krici i zavijanje životinja koje su trčale po polju i jurile oko kuće. U mraku su leteli slepi miševi i pištalice. Izgledalo je kao da vise na koncu i da se ljuljaju bez prestanka. Zastajali su ponekad na gredama kuće i na mrežama za ljuljanje. S glavom naslonjenom na ruke blizanci su spavali. Pored njih, na pamučnim asurama, spavale su takođe majka i baka. Vetar je duvao kroz rešetke šaše u kući. Noć je polako odmicala. Sve je bilo nepokretno. Vetar i senke i šum drveća i zvuci kao da su se smirili. Sledećeg dana, pre svanuća, blizanci se digoše i uputiše se ponovo na kukuruzno polje. Na ramenima su nosili alat za rad.

Kad su stigli na polje videli su da je sve što su već bili uradili izgaženo i uništeno, stabla su bila razbacana, puzavice i grane drveća takođe, brazde poravnate i iskrivljene i vodeni kanali zapušeni. Bili su zapanjeni gledajući štetu.

– Ko li je to dolazio na naše polje? – reče jedan od njih.

– Ko nam je napravio ovoliku štetu? – upitao je drugi.

Prvi je dodao:

– Za ovu štetu krive su, bez sumnje, životinje iz planine koje su divlje i buntovne kao u vreme parenja. Trag njihovih šapa je dubok.

– Ovde se vide šape tigra, još bliže su jaguarove, a ove su od veverice. Ove životinje su zle ćudi i imaju rđav instinkt.

– Moguće je da je tako – odgovorio je drugi. – Čudno je da ne znaju da je ova zemlja naša, i da, samim tim, niko ne sme da gazi po njoj bez naše dozvole.

Ne rekoše više ni reči, i preko volje počeše da popravljaju štetu koju su zatekli. Ponovo su napravili brazde i lepe staze. Sakupiše iverje i očistiše zemlju od opalog lišća i trnja. Kad su videli da je sve čisto i u redu rekoše:

– Sada ćemo se odmorti, ali ćemo se kasnije vratiti i paziti na naše polje. Upozorićemo one koji su ga uništili. Naši neprijatelji videće šta radimo s onima koji se usuđuju da nam naškode i da nam smetaju bez razloga i nepravično. Naša kazna će ih stići.

I tako se dogovorivši, vratiše se kući, rekavši baki i majci:

– Ne možete zamisliti štetu koju smo zatekli u polju. Po njemu je prošlo razuzdano krdo. Našli smo ga izgaženo šapama divljih, proždrljivih i snažnih životinja. Bez sumnje, neke životinje srušile su ogradu i ušle na naše imanje. Na zemlji smo našli sveže obojeno kamenje s nadstrešnice. Čak je i ograda bunara srušena. Na njegovom dnu u vodi našli smo đubre i prljavštinu. Posle ručka otići ćemo na imanje da ga čuvamo, jer nije u redu to što nam je učinjeno. U takvom raspoloženju, u sumrak i kroz maglu koja se spuštala sa mora, vratiše se na kukuruzno polje. Na najtamnijem mestu iza posečenih stabala šćućuriše se da osmatraju. Tako su motrili i osluškivali dugo. Iznad Hunahpua i Išbalamke letele su sove, slepi miševi i vampiri. U ponoć, počele su usred polja da se skupljaju velike i male životinje. Međusobno su govorile različitim glasovima: Neka se uspravi drveće! Neka se uspravi drveće!

Tako su vikale pridošle životinje, trčeći i skačući ispod drveća, među šipražjem i vlatima trave. Zabavljale su se u gužvi, ali ih blizanci iznenadiše. Želeli su da uhvate jaguara i tigra jer su oni pravili najviše štete svojim kandžama i rundavim repovima. Ali tigar i jaguar brzo pobegoše izgubivši se u tami šipražja. Ni traga ne ostaviše. Njihovi koraci zamreše u blatnjavoj zemlji. Zatim blizanci nameriše da uhvate jelene koji su žestoko skakali, ali i ovi pobegoše ne ostavljajući traga za sobom. Pred njihovim očima takođe nestadoše s lakoćom i zečevi lomeći klasje i stabljike koje su nicale. Nisu mogli da ulove ni divlju mačku, ni kojota, ni divljeg vepra, ni vevericu, jer su svi otrčali vešto i spretno kao senke među izgaženom travom i šćućurili se među opalim lišćem. Iz daljine se čulo kako kriče podsmešljivim glasovima. S naporom su uspeli da stignu samo jednog zeca. Zgrabiše ga za rep, ali ovaj, kao da je od magle, nestao im je među prstima. (Otada, zečevi imaju kratak rep.)

Hunahpu i Išbalamke bili su besni zbog ovog neuspeha. Već su očajavali kad među ostacima, otkriše jednog miša, kako njuška i grebe po zemlji. Brzo ga ščepaše ne obazirući se na njegovo cijukanje, ni na njegove zube, ni na grčeve u kojima se uvijao, boreći se da pobegne. Da bi mu se osvetili, opržiše mu rep i stegnuše ga za gušu. (Otada, miševi cijuču kao da ih dave; nemaju dlake na repu i imaju buljave crvene oči.) Zatim ga staviše na jedan kamen. Videći da je slobodan, podiže njušku, načulji uši i reče:

– Dovoljno ste me kaznili; nemojte me ubiti, želim da i dalje živim u senci. S druge strane, ja znam da vaša dužnost nije da ubijate već da dajete život.

– Vidimo da nas poznaješ, nastavi da govoriš i reci nam šta znaš o nama.

– Ako mi date da jedem i pijem, reći ću vam ono što znam; ako to ne uradite, ćutaću. Istinu nosim u stomaku. Odatle neće izaći bez vašeg obećanja.

– Govori, dakle. Kad stignemo kući daćemo ti da jedeš što god hoćeš, i onoliko koliko može da ti stane u stomak.
– Govoriću ako vam je po volji.
– Tako želimo, govori brzo.
– Čujte me, dakle. Ovo što vidite ovde pripadalo je vašim precima. Sve je pripadalo Ahpu, koje su ubili nepravično i bez razloga gospodari Šibalbe. Ahpu, pre smrti, ostaviše tajno na tavanu kuće, štapove, rukavice i lopte koje se koriste pri igranju. Vaša baka zna za tu istinu i skriva je od vas jer predoseća šta biste sve bili sposobni da učinite tim priborom.
– Da li je zaista istina to što kažeš? – istovremeno upitaše blizanci.
– Miševi ne znaju da lažu. Za svaku laž koju izgovorimo izgubimo po jedan zub, a zubi su za nas sam život. Bez njih bismo umrli od gladi. A ja, kako vidite, nisam izgubio nijedan. Zubi su mi čvrsti, šiljati i beli, svi su na broju.
– Onda pođi s nama.

Išli su putem koji je vodio od kukuruznog polja do kuće. Miš ih je pratio u stopu kao da je bio poslušan i izdresiran pas. Išao je nestašno se gegajući, motajući se blizancima ispod nogu. Kad su stigli kući, dadoše mu da jede, kako je bilo dogovoreno. Na list zelene salate staviše mu pasulj, šargarepu i kakao. Kad su videli da je sit i zadovoljan, rekoše mu:

– Danas je ovo bio tvoj ručak. Pojeo si sve; ali znaj da ćeš, ubuduće, jesti ostatke, ješćeš ono što nađeš u rupama i po ćoškovima tavana i ono što, iz nemarnosti, ostave ljudi i životinje, nećemo te izbaciti, dok god želiš da živiš s nama možeš ostati. Ovo će biti tvoja kuća. Nastani se u njoj i pregledaj je kad zaželiš. Niko ti neće ništa zameriti.

– Volim da živim pod krovom; star sam, bolestan, umoran i iskrivljen od rada po nevremenu i vrletima. Već hramljem, i pored dobrog raspoloženja i mladalačkog duha. Jedan trenutak nestašluka košta me suza. Skakanje u putu i jelo iscrpli su me. Sklapaju mi se oči. Ali, šta da učinim da me žene iz ove kuće, kad me vide, ne izbace na ulicu, udarajući me metlom ili nogom u zadnjicu, ili iznenade sipajući na mene vodu iz vrča?

– Ne sekiraj se, jer se ništa od toga neće desiti. Mi ćemo te čuvati. Sada ćeš saznati šta treba da radiš. Pazi dobro. Popećeš se na tavan kuće i otići ćeš do mesta na kojem se čuvaju predmeti o kojima si govorio. Reći ćemo ti na vreme šta treba da uradiš.

Mišić je dao znak da pristaje, sakrio se, a braća legoše na asuru. Pretvarali su se da spavaju. Posle noći provedene u razmišljanju, Hunahpu i Išbalamke, odoše u kukuruzno polje. Svitalo je. Tek što su grlice u daljini počele da guču, tek što su neki gušteri pomolili glavu iz pukotina na zidovima i jedva da se u šipražju video siv trag jelenovih stopa. Braća su pravila sebi prolaz ašovima, išli su po šumi skrivajući se u njenim najmračnijim delovima. Kad su stigli do jednog razgranatog drveta nasloniše se na njegovo stablo da se odmore. Tu, zabrinuti i tužni, počeše da razgovaraju kao da su predosećali teške trenutke. Zatim su zaćutali. Budili su se u njima znaci njihove sudbine. Oko ponoći vratiše se kući još zabrinutiji. Niko ih nije video da ulaze. Samo su psi lajali u njihovom prisustvu. Seli su na stolice pored vatre. Pozvaše miša. Ovaj je brzo došao i oni mu na uvo šapnuše šta treba da čini. Zatim se približiše klupi na kojoj su uvek sedeli kad su jeli. Baka im reče:

– Postavljeno je za jelo.
– Stavi ljutu papričicu u meso – reče Hunahpu.

Baka je poslušala. Donela im je u jednoj činiji supu od mesa i meso začinjeno origanom, peršunom i ljutom paprikom. Dok su jeli namerno su prosuli vodu iz jednog vrča. Zatim, pretvarajući se, rekoše:

– Bako, gledaj, prosuli smo vodu, a žedni smo, jer nam usta bride od ljute paprike. Donesi nam vode, ali brzo. Digni se, hajde, odmah. Ne zaustavljaj se nigde.

Baka je uzela vrč i otišla na bunar da donese vodu. Čim je izašla iz kuće, miš se pope na tavan, gde se nalazio pribor za igru. Primetiše da su u tanjir od supe pali mnogi vilini konjici od one vrste koju zovu Šan. Uhvatiše jednog za krila i rekoše mu:

– Leti i prati našu baku. Potraži je pored ograde od bunara, pažljivo se prikradi i probuši vrč koji nosi. Učini to dobro i brzo. Ti znaš zašto to treba da uradiš.

Vilin konjic odlete i uradi ono što mu je zapoveđeno. Probušio je vrč koji je nosila baka i voda je iscurila. U međuvremenu, braća, pretvarajući se da su nestrpljiva, počeše da viču:

– Šta to radiš, bako? Zašto toliko kasniš? Gde si to otišla za vodu koju smo tražili?

Zatim, okrećući se ka Iškik, dodadoše:

– Majko, izađi i ti i pogledaj šta baka radi, jer ne možemo više da podnesemo žeravicu koja nam pali usta. Reci joj da ćemo se skameniti ako brzo ne donese vodu.

Majka je takođe izašla. Tada je miš sišao s tavana sa loptama, štapovima, rukavicama, kožama i grbovima koji su čuvani na tom mestu. Ne gubeći vreme, mladići uzeše pribor i sakriše ga izvan kuće na jednoj okuci puta koji vodi ka igralištu. Zatim, kao da se ništa nije desilo, odoše na imanje da vide baku i majku. Nađoše obe žene kako plaču pored ograde bunara i posmatraju vrč i rupu kroz koju je iscurila voda.

– Šta se to događa? Ne možemo više da čekamo, peku nas usta – rekoše mladići.

Baka odgovori:

– Vaša majka mi je svedok. Pogledajte krčag; ima rupu kroz koju je iscurila voda, a da ja to nisam primetila. Nemojte me grditi zbog te nesreće.

Majka reče:

Magi 89

— Istina je to što kaže vaša baka.

Mladići uzeše vrč i zapušiše rupu smolom od drveta. Baka ga ponovo napuni vodom, ali, kako je bio veoma težak, Iškik joj je pomogla da ga nosi. Zatim braća, pošto popiše nekoliko gutljaja vode, izgovarajući se na vrućinu u kujni, ostadoše pored puta da se osveže. Sedoše ispod grane jednog drveta. Pošto su proveli jedan trenutak sami, skupiše žurno pribor koji su sakrili. Zatim se uputiše prema igralištu. Ono je bilo udaljeno oko dva dana hoda. Stigoše na njega, i pošto su videli da je napušteno i puno korova i đubreta koje je vetar pokrenuo i uskomešao, počeše da ga čiste i uređuju. Pokvasiše teren da se ne bi dizala prašina. Tako ga ostaviše izravnato i spremno. Kad su videli da je igralište sređeno po celoj širini, počeše da igraju na njemu. Igrali su veselo, podstičući se rečima, uzvicima i pesmama. Nisu znali koliko su dugo igrali, toliko su bili zauzeti i zaneti zadovoljstvom. Buka koju su dizali nije im dozvoljavala da čuju preteće poklike koji su dolazili iz predela Šibalbe. U stvari, ljudi iz Šibalbe bacili su se na zemlju zbog neuobičajene galame koja je dolazila sa igrališta. Zlovoljno su se raspravljali. Neki, najžešći, rekoše:

— Ko su ti, koji protiv naše naredbe, igraju? Ko se usuđuje da remeti naš mir i počinak? Ko uznemirava vazduh tolikim udarcima? Odakle su mogli da dođu ti koji tako igraju kao da su na svom igralištu? Zar oni ne znaju da je igra za nas sveta i da niko ne može da igra bez naše dozvole? Zar ne znaju da je igra znak slobode i smrti i sudbine koja izražava sudijinu presudu? Jedini koji su bili tako drski i koji su se usudili da igraju, mrtvi su. Samo su oni mogli da naprave takvu buku. Zaista ne razumemo ko su ti koji sada igraju. Učinimo da, bez odlaganja, dođu ovamo i odgovaraju za svoju drskost.

Oni koji su tako govorili bili su Hun Kame i Vukub Kame, gospodari Šibalbe. Kako su odlučili, tako se i zbilo. Glasnici, neprimećeni, dođoše na igralište. Poznaše blizance, ali im ne rekoše ništa. Više su voleli da odu u kuću Išmukane. Dođoše do nje i uđoše u kujnu u kojoj je kuvala ručak i rekoše joj:

— Čuj nas, Išmukane, gospodari Šibalbe naređuju tvojim unucima, Hunahpuu i Išbalamke, da dođu da igraju s njima. Za sedam dana, ne više, treba da su tamo. Igraće sa gospodom u skladu s pravilima koja znaju.

Baka odgovori:
— Ako tako naređuju, tako će moji unuci i učiniti, jer su uvek bili poslušni i ispravni. To je istina koju ćete odneti kao odgovor.

— Odnećemo tvoj odgovor gospodi — odgovoriše glasnici.

I odmah se vratiše u zemlju Šibalbu, putem kojim su i došli. Kad su se izgubili s vidika, starica sede na kućnu ogradu i poče da plače. Uzdasi su joj potresali grudi. Suze su joj obilno tekle na ruke. Iškik se približila i takođe je zaplakala, jer je naslutila o čemu se radi.

Starica je rekla:
— Šta rade moji unuci da su zaslužili takvu kaznu? Zašto ih na taj način progone gospoda iz Šibalbe? Ko će im sada preneti tu vest? Bez sumnje, to je vest smrti. Predosećam to u srcu koje me nikada nije prevarilo, ono me nije prevarilo ni onda kad su moji sinovi Ahpu umrli u istoj zemlji Šibalbe, zbog mržnje te iste gospode. Na isti način poslali su glasnike da ih zovu. Nikad više nisam čula o svojoj deci i nikad ih više nisam videla. Ni odjek njihovog glasa nije mi ostao.

Dok je to govorila plakala je sagnute glave. Iškik je jecala pored nje ne znajući šta da kaže. Iznenada je iz bakine kose pala jedna vaš. Išmukane ju je pustila da joj mili po suknji, zatim je uze u ruke i reče:

— Čula si već šta ova gospođa hoće od mojih unuka. Sažali se, pomozi mi, ti znaš za bedu i zlobu njihovih neprijatelja. Reci mi, hoćeš li da odeš do igrališta jer su tamo, bez sumnje, već satima, moji unuci. Idi do njih i reci im u moje ime ko je došao da me poseti i šta su im poručili. Daj im poruku koju su doneli, ali bez zabune i prevare. Ako je nisi čula, nauči je sada: reci im da za sedam dana moraju da idu da igraju s gospodarima Šibalbe. Jesi li razumela? Hoćeš li da ti ponovim? Da li ćeš moći da je zapamtiš i da je preneseš?

— Dobro sam čula, bako. Neću zaboraviti, učiniću kako želiš — odgovori vaš.

— Idi i izvrši moju naredbu.

Vaš je pošla da izvrši zadatak. Koračala je polako po zemlji i prelazila preko trave i kamenja. Pored kućnog praga, na početku puta, srela je žabu, najveću među onima kojih je bilo u tim krajevima. Žaba je primetila vaš, zaustavila se i rekla joj:

— Kuda ideš, ako se može znati?

— Nosim poruku u stomaku. Tražim Išmukanine unuke, koje poznaješ, da im prenesem nalog gospodara Šibalbe.

— U redu, ali znaj da ideš suviše polako. Hoćeš li da ti pomognem? Učiniću to drage volje.

— Kako možeš da mi pomogneš?

— Vidi, progutaću te pa ćemo tako obe stići brže. Skakaću velikim skokovima kakvim nikad nisam skakala.

— U redu je to što kažeš. Progutaj me, dakle.

I žaba, bez razmišljanja, proguta uš. Zatim je dugo skakala putevima i stazama i obližnjim barama, ali nije išla tako brzo kako je želela. Ni toliko brzo koliko je bilo potrebno. Išla je tako umorna i znojava kad je, pored jednog kamena, naišla na sklupčanu zmiju. Ova se odmotala, uspravila se i, otvarajući čeljust, rekla:

— Stani i reci mi kud ideš. Nikad te nisam videla da skačeš tako visoko i tako brzo.

– Nosim poruku u stomaku, znaj da je hitno, jer je gospodari Šibalbe šalju Hunahpu i Išbalamke.
– Ako tako ideš stići ćeš najbrže za osam dana. Ideš suviše polako. Tvoj cilj još uvek je daleko. Zakasnićeš toliko da ćeš zaboraviti poruku koju su ti dali i moraćeš ponovo da se vratiš i da je primiš. Ako hoćeš, progutaću te i tako ćemo stići brže i ti i ja.
– U redu, progutaj me, ako tako misliš.

Onda je zmija progutala žabu. Gmizala je po kamenju i klizila po kosinama, ali, sve u svemu, nije mnogo napredovala. Zaobilazno je išla, penjući se i spuštajući se, kad ju je iz oblaka opazio kobac. Ovaj poče da leti u krugovima, koji su se sve više smanjivali i približavali zemlji. Spuštao se dok nije dodirnuo krošnje drveća. U trenutku kad je video da se zmija zaustavila na otvorenom polju, bez zaklona i odbrane, sručio se na nju i progutao je. Tako je kobac, pre nego što je pala noć, doleteo na igralište na kojem su se još uvek zabavljali staričini unuci. Kad je stigao do igrališta, zaustavio se na jednom zidu i glasno graknuo.

Čuvši ovo grakanje, mladići, uplašeni, napustiše igru i rekoše:
– Ko može biti taj koji tako grakće? Šta hoće da kaže tako čudnim glasom?

Ne čekajući, uzeše svoje rogove, među granama pored stenja i otkriše kraj jednog zida kopca, koji je, raširenih krila, graktao kao lud. Odmah mu nanišaniše u oči i opališe. Kobac je, pavši na zemlju teško ranjen, skupio krila. Mladići mu priđoše i podigoše ga:
– Šta je značilo tvoje graktanje? – upitaše ga.
– Pustite me da govorim – odgovorio je.
– Dobro znaš, da ovo mesto nije tvoje. Nešto se čudno dešava kad si se usudio da dođeš na ovaj trg, napušten i bez ičega za jelo.

Magi 93

— Imam u stomaku poruku. Izlečite mi oči ako hoćete da vam kažem istinu koju znam i koja je važna za vas.
— Zatvori kljun — rekoše mu — podižući ga za krila.
Položiše ga na ogradu, izlečiše mu oči sokom iz drveta sapotil i sokom od bokvice, i rekoše mu:
— Izlečen si, sada nam možeš reći ono što znaš.
Tada je kobac izbacio kroz kljun telo zmije. Ova se uspravila i otvorila čeljusti. Videvši to, mladići joj narediše:
— Govori ti i reci šta znaš.
Gmizavac je tada izbacio žabu. Ona je pala na zemlju i skočila triput. Oči su joj bile buljavije nego ikad. Mladići je upitaše:
— Kakvu poruku nosiš?
— Nosim je u stomaku.
Ali treba znati da vaš nije bila u žabinom stomaku već u njenim ustima. Mladići, nestrpljivi i očajni, videći da žaba nije ništa učinila da im dostavi poruku koju je znala, počeše da je zlostavljaju. Udarali su je u glavu i u zadnjicu.
Zatim joj iskrenuše noge unazad. Usred njenog krekretanja govorili su joj:
— Ti si lažljivac i gnjavator. Uvek si bila prevarant. Uživaš loš glas među životinjama. Gade te se i izbegavaju te. I ranije smo znali da ne treba niko da ti veruje. Izdaja i prevara idu s tobom. U tvojim ustima je laž.
Onda je iz žabljih usta istekla obilna pljuvačka, i u njoj šćućurena vaš. Mladići rekoše vaši koja je milela po jednom kamenu:
— Objasni ti, ako možeš, ono što je istina.
Vaš je, zaustavivši se, promucala:
— Baka mi je rekla: idi i reci mladićima, koji se zabavljaju na igralištu, da su došli glasnici iz Šibalbe i da su rekli da, za sedam dana, morate otići da igrate sa Hun Kame i Vukub Kame.

– Da li je istina to što kažeš?
– Istina je to što kažem i neću reći ništa više, jer je to sve. Baka će vam to potvrditi.

Zatim su Hunahpu i Išbalamke napustili to mesto i otišli brzo. Prešli su preko brda da bi dobili u vremenu. Kada su stigli kući, rekoše baki, koja ih je nestrpljivo čekala pored vatre u kuhinji:

– Jedna vaš predala nam je tvoju poruku, zato smo došli. Ići ćemo gospodaru Šibalbe. Ali, pre nego što krenemo, posejaćemo trsku usred kuće. Ako, posle izvesnog vremena, vidiš da se njena stabljika suši, to će biti znak da smo umrli; ali, ako ponovo ozeleni novim mladicama, razumećeš da smo živi. To je dokaz naše reči. Ne zaboravi to i upoznaj sa tim i majku. Pravično je da tako bude.

Bez oklevanja iskopaše u sredini kuće rupu, posadiše u nju jednu trsku koja je imala žuto i tamnocrveno lišće.

Kad su to završili, ne oprostivši se s bakom i majkom da im ne bi zadali bol, krenuše u pravcu Šibalbe. Pođoše velikim putem. Iznad njihovih glava letela su jata ptica u krugovima, zatim pređoše jednu reku i, odmah, drugu. Pošto su išli danima i noćima, stigoše do mesta gde je put, skrećući, propadao kroz rascep jednog ogromnog belog i hrapavog kamena. Put se zatim nastavljao ispod zemlje. Koračajući kroz vlažnu maglu tunela dođoše ponovo pred jednu provaliju, pređoše je idući mostom od bananinih stabala i nastaviše ravnim predelom, osvetljenim samo svetlošću nekolicine svitaca. Tako dođoše do jezera mirne i tamne vode, slične ogledalu. Plovili su preko njega na splavu od lijana, udarajući vodu nogama, ne doživevši nikakvu povredu ni nezgodu. Kad su stigli na suprotnu obalu nastaviše da koračaju sve do jedne šume. Išli su pored nje, ne zalazeći u nju, dok nisu došli do mesta gde su se na mračnom i prostranom trgu ukrštala četiri puta i odvajala se od drugih suprotnih puteva i pravaca. Tu su zastali. Nekakva muzika, za koju nisu znali odakle dopire, dolazila je i ispunjavala prostor. Zbunjeni i, istovremeno, hrabri, ostaše mirni na tom mestu. Mislili su da su se zagubili. Nisu znali šta da rade; malo-pomalo, ovladali su svojim osećanjima, sada su bolje videli u mraku i primetili su da je jedan put crven, drugi crn, jedan beo, drugi žut. Bili su neodlučni pred ovom razlikom u bojama, ne razumevajući njihovo značenje. Posmatrali su ih i razgovarali o njihovoj tajni, kad su čuli glas koji je rekao:

– Ja sam put gospode.

Glas je dolazio od puta koga su oni znali. Zatim, ne čekajući, nastaviše putem koji se pred njima otvarao. Išli su njime zbunjeni zbog glasova koje je donosio vetar. Bili su tako zapanjeni da nisu ni primetili da idu žurno prema mestu svoje sudbine. Tako su došli pred vrata Šibalbe. Zatim su poslali jednu osu da vidi šta se dešava u zemlji kao i među ljudima. Pre nego što su je pustili da ode, rekoše joj:

– Hajde, vidi koga tamo ima i ujedi gospodu na koju naiđeš, jer od sada tvoja hrana biće ljudska krv. Ujedi ih, jer će krv biti tvoja jedina hrana.

Osa je raširila krila i odletela. Išla je putem udaljavajući se, dok se nije izgubila u pomrčini i tišini daljine. Tako je došla u središte zemlje Šibalbe. Njeni ljudi bili su okupljeni na savetu. Svi su bili zaokupljeni nečim ozbiljnim. Jedni su govorili, drugi mahali rukama. Osa je poletela prema njima i, a da je niko nije video, potražila je glavnu gospodu, koju je poznala po perjanicama koje su nosili na glavi i sakrila se iza njih. Kad je videla da su zaokupljeni raspravom, počela je da ih bode jednom dlakom sa noge Hunahpua. Prvo je ubola Hun Kamea. Ovaj je kriknuo.

– Šta je to s tobom, Hun Kame, ko te je ubo? – upita ga Vukub Kame.

– Ne znam, samo sam čuo šum krila iza sebe – odgovori ovaj.

Istog trenutka kriknuo je i Vukub Kame!
— Šta je to s tobom, Vukub Kame, ko te je ubo? — upitaše ga gospoda koja su bila blizu njega.
Zatim je kriknuo Šikiripa. Vukub Kame ga upita:
— Zar su i tebe uboli, Šikiripa?
— I mene takođe — odgovori ovaj.
Zatim, jedan za drugim, kriknuše i ostala gospoda koja su tamo bila. Krici su bili tako prodorni da su se čuli po celom trgu. Osa ih je ubola, da bi svaki od spomenute gospode, kad ga upitaju, rekao svoje ime. Kad je osa čula imena koja su spomenuta, brzo se vratila Hunahpu i Išbalamke, koji su je čekali. Osa ih je obavestila o tome šta je uradila, čula i videla. Zatim su se mladići približili ljudima iz Šibalbe. Znajući već imena ljudi, osetiše se sigurnijim. Tako su došli do prvih ulica i puteljaka. Prođoše pored pragova u središtu i nastaviše pored vrtova koji okružuju gospodske kuće, gde nađoše neke lutke od drveta ukrašene kao da su ljudi od krvi i mesa. Izgledalo je da se podsmevaju, otkrivajući zube od zrna žutog kukuruza. Nisu ih pozdravili niti su im ukazali bilo kakvu počast, jer su znali da su samo trik koji treba da izazove radoznalost prolaznika. Išli su dalje i, pred gospodom koja naiđoše, rekoše:
— Zdravo, Hun Kame, zdravo Šikiripa.
I tako, rekoše imena onih koji su tamo sedeli. Gospodi iz Šibalbe nije se dopalo što pridošlice unapred znaju njihova imena, koja su čuvali u tajnosti. To su smatrali lošim znamenom. Zato su oštro rekli:
— Ko ste vi?
Braća odgovoriše:
— Ne znamo.
— Ko su bili vaši roditelji?
— Ni to ne znamo.
— Da niste možda stvorenja kojima smo naredili da dođu?
— Trebalo je to da pogodite.

– Ako ste oni za koje vas držimo, recite da li hoćete da igrate sa nama?
– Da, hoćemo. Zato smo došli.
– Igrajmo, onda.

Pođoše zajedno i kad su došli do igrališta, oni iz Šibalbe želeli su da, na prevaru, rane braću. Hunahpu je bio ranjen u rame, iz njegove ruke tekao je mlaz krvi. Braća, budući na oprezi, rekoše, gospodi koja su ih pratila:

– Zar tako želite da nas ubijete? Toliko nas mrzite? Zvali ste nas, znači, da bi nam naškodili. Zaista, to ne bismo poverovali. Da li će ova igra biti igra prevare ili prijateljstva? Ako je ono prvo, kažemo vam da je bolje da nismo došli, bili smo nesmotreni kad smo vas poslušali, bez navaljivanja s vaše strane. Ali, ako smo došli u zao čas, mislimo da treba da odemo.

– Nemojte da idete, mladići, jer ćemo igrati u miru – požuriše da kažu gospoda.

– Tako ćemo učiniti, ako vam je volja – odgovoriše blizanci.

Rekoše ovo ne menjajući glas i ne skrećući pogled. Sledećeg dana ujutro, blizanci se pojaviše, u skladu s naredbom. U hladu zidova igrališta suočiše se sa svojim protivnicima. Igrali su kako su znali, jedanput udarajući loptu nogama, drugi put bedrima, nikad rukama. Nepokretne ruke držali su iznad glave, slobodne. Samo su ih u nekim trenucima koristili, služeći se štapovima. Tako su igrali i pobedili. Oni iz Šibalbe, besni, čuše odluku sudija koja je, u skladu s pravilima igre, bila neopoziva. Zatim rekoše blizancima:

– U redu, pobedili ste nas, ali vas zato nećemo osloboditi, već vam kažemo da ćemo vam silom oduzeti život. Podvrgnućemo vas probama koje su običaj u našem kraju. Dobili ste ono što zavisi od slučaja, ali niste dobili ono što zavisi od naše volje.

Blizanci su ćutali. Zatim gospoda rekoše:

– Šta da učinimo da ih pobedimo i da steknemo pravo nad njihovim životima?
Jedan od njih reče:
– Podvrgnimo ih probama od prošle godine.
Drugi je dodao:
– Tako treba. Neće živi iz njih izaći, toliko su strašne. Tako su umrli ljudi od znanja i snage.
Svi zaključiše:
– Učinićemo tako.
Pozvaše ih i rekoše im:
– Dođite i sedite na ove klupe.
Ali, braća ne poslušaše, jer su znali da su klupe usijane. Kad su gospoda videla da se mladići protive, rekoše:
– U redu, ne morate sesti, ali bez oklevanja uđite u pećinu ispunjenu dimom, ili u mračnu kuću.
Mladići ne odgovoriše i pustiše da ih povedu kao zarobljenike. Dovedoše ih do ulaza u pećinu o kojoj se govorilo i, pre nego što će ih uvesti u nju, rekoše im:
– Ovde su ugarci i duvan koji vam je potreban da biste proveli noć. Sutra ćemo doći da vidimo da li ste živi.
Braća i ovog puta ne rekoše ništa i uđoše u pećinu. U njoj razmisliše i učiniše sledeće: pokvasiše iverje u crvenoj vodi da bi izgledalo kao da je upaljeno; umotaše duvan i na vrh svake cigare staviše po jednog svica. Tako provedoše noć budni, praveći se da puše. U zoru rekoše gospodarima Šibalbe, koji dođoše da ih posete.
– Vidite, pušili smo ono što ste nam dali, ali nismo potrošili ni ugarke ni duvan. Ovde je ono što je preostalo.
Oni iz Šibalbe, videli su, začuđeni, da je sve preostalo. Zatim su izveli zavezane blizance i proveli ih pored onih koji su zapovedali. Ovi, ozlovoljeni, staviše mladiće u pećinu ispunjenu ledom. U njoj su Hunahpu i Išbalamke palili suvo drvo braneći se tako od le-

Magi

denih santi koje su im sekle kožu. Pored blage topline vatre proveli su noć. Sledećeg dana, kad su oni iz Šibalbe videli da su zarobljenici živi, pritajiše srdžbu u svojim srcima. Ponovo povedoše blizance i uvedoše ih u pećinu tigrova. U njoj su braća gladnim zverima, koje su ih progonile, rekli:

– Jedite ovo meso, dobro je, probajte ga.

Za to vreme gospodari Šibalbe su govorili:

– Sada će, zaista, biti pobeđeni. Niko im ne može pomoći. Ni kosti od njih neće ostati.

Ali, u zoru, nađoše ih žive i zdrave.

Zatim odlučiše da ih odvedu na mesto gde je buktao požar. Ne zna se kako, ali, braća se oslobodiše plamenova i iskri kojih je svuda bilo na tom mestu. Kad su to videli oni iz Šibalbe padoše u očajanje. Odvedoše ih u pećinu od kamenja i u pećinu od kopalja.

– Posle ovih proba moraćete da prođete još jednu. Sada želimo pet buketa cveća.

– Kakvo cveće želite? – upitaše siročad.

– Želimo crveno, žuto i belo cveće, a ne drugo.

– Dobićete ga. Dajte nam vremena koliko nam je potrebno da ga nađemo i sakupimo.

– Imaćete dosta vremena. Sada, zbog naše sigurnosti, ne mičite se sa dna pećine.

Mladići se skupiše u dnu pećine.

Za to vreme gospodari iz Šibalbe osmatrali su iz svojih kuća i govorili o blizancima.

– Sada će, zaista, biti pobeđeni, jer kako će u ovo vreme naći cveće koje smo im tražili? Nikada neće pronaći cveće koje zahtevamo. Polje je suvo i na njemu ne raste ni vlat trave. Cveće koje tražimo raste samo u našim vrtovima, koji su ograđeni i nadzirani. Ako ne donesu cveće, proglasićemo ih pobeđenim i onda ćemo ih žrtvovati u skladu s našim pravom.

Oko ponoći braća pozvaše mrave. Ovi su došli u gomili, lakih nogu, uzdignutih pipaka i prodornih oči-

ju. Zaustaviše se na ulazu u pećinu. Blizanci im rekoše:
— Dobro slušajte naše reči. Znate šta nam se dešava i šta tražimo. Poznajete put do vrtova ograđenih kamenom i živom ogradom, popnite se na nju i, neopaženo, naberite cveće koje od nas traže.

Mravi poslušaše bez oklevanja. Mileli su po stenju dok su došli do vrtova o kojima se govori. Čuvari leja, koji su čučali na granama drveća, vikali su neprestano.

Beskorisni su bili njihovi krici. Dok su oni vikali, ispod njih, među travom i pukotinama u zemlji, mravi su se približavali vrtovima. Otvarali su put svojim prednjim nožicama; verali su se uz živu i kamenu ogradu; stigli su do leja; dohvatili grane ružičnjaka i nabrali cveće. S teretom, vratili su se odakle su i došli, a da ih niko nije čuo ni video sve dok nisu stigli do kamene pećine. Tu, na ulazu, sakriše cveće i pobegoše u svoje rupe. Od cveća blizanci napraviše bukete. Kad je svanulo, gospodari Šibalbe narediše da se nađu zarobljenici. Unapred su se radovali porazu i smrti Hunahpua i Išbalamke. Ali, veliko je bilo njihovo zaprepašćenje i očajanje kad su videli da i jedan i drugi u rukama nose ogromne bukete cveća. Gospodari Šibalbe bili su ponovo pobeđeni. Pozvaše čuvare vrtova i rekoše im:
— Zašto ste dozvolili da ova gospoda pokradu naše cveće?
— U toku noći nismo nikog videli ni čuli — odgovoriše čuvari.

Ali, prirodno, nisu im poverovali i kao kaznu za njihov nemar isekoše im usta. Zatim, oni iz Šibalbe, puni mržnje i besa, odlučiše, na kraju, da blizance odvedu u pećinu slepih miševa. U njoj je živeo strašni i nezasiti Hamazok, koji, samim svojim prisustvom, ubija žrtvu. U mračnoj samoći te pećine ostaviše blizance. Da se odbrane od bezbrojnih slepih miševa, ko-

Magi 101

ji su leteli gladni, udarajući besno krilima, braća se uvukoše u svoje oružje u obliku rogova. Za to vreme slepi miševi su govorili:
— Klik, klik.
Leteli su, pohlepni, sa jednog mesta na drugo, i sleteli su, preteći, na rogove braće. Iznenada, Išbalamke reče Hunahpu:
— Proveri i vidi da li sviće? Naši neprijatelji umirili su se.
Hunahpu odgovori:
— Izaći ću da vidim.
Tako je i učinio. Ali, u trenutku kad je promolio glavu, jedan slepi miš koji je bio budan, otkinu mu je. Išbalamke je počeo da viče:
— Gde si, Hunahpu? Zašto se kriješ da te ne vidim i ne čujem?
Pošto niko nije odgovorio na njegova pitanja, tužno je rekao:
— Pobedili su nas, na kraju, gospodari Šibalbe.
I zaista, u zoru, gospodari Šibalbe, približiše se ulazu u pećinu, pronjuškaše po njoj i uzeše radosno sa poda odsečenu glavu Hunahpua. Bila je bez krvi, bleda i izobličena. Digoše je i, kao trofej, staviše na najviši zid igrališta. Stariji svet iz Šibalbe priđe da je vidi i da joj se podsmeva. Na daljinu se čuo njihov smeh i kikot i prostački uzvici. Zatim se Išbalamke tužno izdvoji u kutak susednog imanja. Tu je svoj bol oplakivao u tišini da ga niko ne vidi.
Posle izvesnog vremena, pozvao je tiho životinje koje su lutale okolo. Kad se spustila noć, približili su mu se, čekajući naredbu. Išbalamke im reče:
— Ne plašite se ničega, jer su neprijatelji daleko. Recite mi, iskreno, šta jedete u planini?
Gurajući se, gazeći se šapama, trljajući se jedni o druge, gurajući se njuškama i udarajući se čelima, životinje su, zavijanjem, urlikanjem i mrmljanjem, odgovorile Išbalamkeu ono što je za njih bila istina. Išba-

lamke je, razumeo sve, koliko je mogao zbog tolike buke. Zatim im reče:

– U redu, sada mi donesite, bez odlaganja i pogađanja, nešto od onoga što jedete.

Papagaj, u ime ostalih životinja, reče:

– Ako je potrebno, učinićemo.

Zatim su životinje brzo otišle onako kao što su i došle. Za njima se dizala prašina koja je zamutila vazduh i uskovitlala opalo lišće. Neka isprarenja širila su se krajem. One odoše u različitim pravcima u potragu za hranom. Išbalamke ih je nestrpljivo čekao kraj jednog zida. Odatle je mogao da posmatra glavu svog brata Hunahpua. Njihovi neprijatelji ostavili su je, zaboravivši na nju. Prošlo je dosta vremena. U sumrak, životinje su krišom počele da se vraćaju. Dolazile su jedna po jedna sa različitih strana. Jedne su nosile suvo lišće, druge oglodane kosti, treće korenje, neke stabljike, druge tikve, tako je bila raznovrsna hrana koju su jele. Išbalamke je mirno posmatrao hranu koju su donele. Rekao je nešto što niko nije razumeo i, onda, u pratnji svih, ode do mesta gde je bilo bačeno telo Hunahpua. Prvo je osmotrio da li ih je neko video. Kad se uverio da nije, seo je pored tela Hunahpua. Uzeo je jednu tikvu i stavio je blizu njegovog ramena. Životinje, poređane u krug, prodornog pogleda, nakostrešene dlake i ćuteći, nisu se usuđivale da se maknu sa mesta. Izgledale su kao statue od kamena. Išbalamke je jednim kamenom napravio rupice na kori tikve; dve okrugle da liče na oči, jednu široku da liči na usta, jednu dugačku da predstavlja nos. Zatim mu je udahnuo život dahom iz svojih usta. Kroz rupice je izlazila slaba zelena svetlost, blaga i fina. Kad je video da se glava miče, postavio je telo na zemlju, sastavio mu ruke i prekrstio noge. Tako je uspravno sedeo umrli i izgledao kao da će se probuditi. Sve je to radio u senci krila jednog lešinara koga su u zoru zaustavili.

Kad su životinje videle šta je Išbalamke uradio, iznenadiše se toliko, da se brzo izgubiše u brdima. Jedina životinja koja je ostala, jer je bila najnevinija, bio je zec. U svojoj nevinosti mrdao je ušima kao da sluša muziku koju samo on čuje. Išbalamke mu je rekao:

– Dobro si uradio što si ostao. To sam i očekivao. Idi i čekaj na zidu igrališta. Kad vidiš da igramo, budi pažljiv. Ako lopta bude bačena na ogradu, uzmi je, skoči i trči sa njom i ne daj da te uhvate, uđi u šumu i sakrij je gde znaš. Hajde, i ne zaboravi šta sam ti rekao.

Zec je oborio uši u znak pristanka; skakutao je po zemlji na zadnjim nogama; podigao je rep, i, neopažen, popeo se na zid igrališta. Tada su se gospodari Šibalbe približili mestu na kojem je bio Išbalamke i rekli mu:

– Dođi, približi se i igraj s nama poslednji put.

Išbalamke reče:

– Ako tako želite, učiniću.

Oni iz Šibalbe, smrknuti, uzeše loptu i baciše je uvis više puta. U jednom trenutku, Išbalamke ju je uzeo i, prema pravilima igre, ponovo ju je bacio u vazduh, ali je to uradio s takvom snagom, da se ona popela visoko, prešla preko ramena ostalih igrača i pala na ogradu igrališta. Tu ju je dohvatio zec, skočio u polje, gde se izgubio u šipražju. Oni, iz Šibalbe, besni, hteli su da ga uhvate i da mu oduzmu loptu, ali su im napori bili uzaludni, jer je zec trčao i izgubio se u šikari. Zadnjim nogama izbrisao je tragove kuda je trčao, zatim je iskopao rupu u zemlji u koju je zakopao loptu. U istom trenutku kad je lopta nestala, Išbalamke je uzeo glavu Hunahpua, stavio je na mrtvo telo, a tikvu je stavio na njeno mesto na zid.

Hunahpu je vaskrsnuo; on i Išbalamke ponosno su se nasmešili gospodarima Šibalbe, i neviđeni, odoše sa tog mesta.

Zatim su ih posetili neki Proroci, koji su, tajno, došli iz dalekih zemalja i išli prema Šibalbi.

Hunahpu i Išbalamke, pošto su darivali proroke, rekoše im ovako:

– Dolazite u pravi čas. Znali smo čas u koji ćete proći zemljom. Ne zaustavljajte se i ne prekidajte put. Kad dođete u grad Šibalbu, njegovi gospodari pitaće vas za nas. Oni ne znaju da smo ovde. Recite im da ste nas videli; ništa više. Nije potrebno da saznaju ništa više, jer oni ne znaju uzrok našeg postojanja. Njih muči mržnja i nemoć. Nemaju oči da vide ono što je čisto. Ne mogu da razumeju smisao onoga što je skriveno po prirodi. Takođe žele da saznaju zašto, dosad, nismo umrli, bez obzira na opasnosti kroz koje su učinili da prođemo.

Proroci rekoše:

– Dobro smo to razumeli.

Braća nastaviše:

– Znajte da gospodasri Šibalbe žele da nas ubiju. Kad vas vide, upitaće vas: Da li bi bilo dobro da ih bacimo u provaliju? Vi ćete odgovoriti: Ne činite to, jer će na taj način ponovo oživeti. Kad to čuju, reći će vam: Da li bi bilo dobro da ih obesimo o drvo? Odgovorićete: Ne, jer će i tako ponovo oživeti. Ponovo će vas upitati: Da ih spalimo? Na to ćete reći: Da, spalite ih ali, da bi zauvek nestali, bacite njihove kosti u reku. Samo tako će nestati bez traga i nikada više nećete saznati za njih.

Na sve to proroci rekoše:

– Razumemo istinu koja se krije iza vaših reči. Tako ćemo učiniti, jer tako treba da učinimo.

Kad su to rekli pođoše u centar grada. U međuvremenu, gospodari Šibalbe posedali su u krug, bili su namrgođeni, besnog lica, namrštenog pogleda, razmaknutih usana, s rukama oslonjenim na ukočena kolena. Zapovedili su da se traže braća. Stražari su otišli, našli ih na određenom mestu i rekli:

– Pođite s nama, ne odupirite nam se. Očekuju vas gospodari Šibalbe. Čućete osudu koju su izrekli protiv vas.

Braća bez pogovora rekoše:
– Hajdemo.

Uputiše se sa glasnicima prema centru grada. Kad su stigli shvatili su da su Proroci već obavili svoju dužnost. Jedna lomača gorela je nasred trga. Plamenovi su lizali pucketajući u vazduhu crnom od dima. Tada se Hun Kame, podigavši se, približio braći i rekao im:
– Zapovest je izrečena. Ispijte naše piće. To je običaj. Zatim neka svaki od vas, po svom nahođenju, prođe četiri puta kroz vatru.

Mladići, vedro, odgovoriše:
– U redu. Učinićemo kako zapovedate. Popićemo vaše piće, ali nemojte misliti da ne znamo da ćemo ovde umreti. Znamo svoju sudbinu bolje od vas, jer je čas naše smrti došao. Došao je sa nama, niste ga vi doneli. Smrt se ukrstila sa našom senkom. Samo smo je mi videli. Čuli smo i razumeli njen glas.

Braća nisu više ništa ni rekla ni čekala. Ispila su piće koje im je bilo ponuđeno, sklopila ruke, i tiho, pošla prema vatri. Vatra, dim i pepeo koje je vetar dizao, obaviše ih. Nisu se čuli ni krici, ni jadikovke, ni žalbe, ni uzdasi. Savijeni, bili su vatrom sažeženi.

Kada su gospodari Šibalbe videli da su braća zaista umrla i nestala, zaurlaše divljačkim i neobuzdanim kricima. Ličili su na vukove puštene na praznu poljanu. S rukama podignutim uvis pođoše u pravcu naselja, pređoše planine i prekoračiše bregove pevajući pesme. Govorili su i ponavljali bez prestanka:
– Pobedili smo ih! Na kraju smo ih pobedili! Oslobodili smo se zauvek njih i njihove kaste! Nijedan ne ostade više na zemlji! Neće nam više smetati! Oslobodili smo ih se! Ni kad umremo nećemo ih više videti!

Umorni, zaćutaše, ali neki među njima, koji su još mogli da govore, pozvaše Proroke. Ovi se pojaviše i približiše im se. Onda su ih gospodari ponovo pitali za savet o tome šta bi trebalo da rade s kostima braće. Proroci im rekoše ono što se već zna. Tako i učiniše oni koji su za to bili zaduženi. Izvadili su kosti iz pepela, zavezali ih koncem od agave i bacili u reku. U trenutku kad su nestale, pena se skupila, pljusnula po njima i prekrila ih. Rečna voda zatalasala se, uzburkala i brže je potekla. Ljudi su bili zapanjeni ovim događajima.

Posle kratkog vremena, na površini vode, pojavila su se dva mladića ista kao oni koji su nedavno umrli. Niko ih nije primetio. Nestali su među talasima, ostavljajući za sobom nežan trag magle. Na površini vode videla se plava brazda koja je svetlucala nekoliko trenutaka. Ljudi iz tog kraja, koji su bili u blizini, pažljivo su posmatrali tu brazdu. Nisu razumeli značaj onoga što su videli. Ta pojava ponovila se petog dana u isto vreme, ali ovoga puta trajala je duže. Sada su im tela izgledala kao da su pokrivena krljuštima. Imali su peraja, škrge i rep, koji su se bez prestanka kretali. U njihovim očima ogledali su se sunčevi zraci. Zatim, drugom prilikom, izašli su iz vode pokrenuti živom i neodoljivom silom. Puzali su po obalskom pesku, verali se po stenama, vraćali se u reku i nestajali bez glasa.

Ljudi su ih tražili u vodi i po obližnjem šipražju. Nisu ništa nalazili. Posle tih pojava, počele su druge, koje su duže trajale. Mladići su se pojavljivali nagi, zadržavali su se da se odmore na vlažnoj travi. Zatvorenih očiju, puštali su da im sunce osuši kosu. Ako bi se neko približio, nestajali su.

Kasnije su dozvoljavali da ih viđaju na obali reke. Lutali su kao dva bednika, ogrubele kože, prljave od prašine, isušene vetrom i istanjene od vode. Bili su obučeni u dronjke koji su visili s ramena, nisu više bežali od ljudi koji su im se približavali, pred njima su pevali i govorili. Izgledali su veseli. Igrali su igre kojima su oponašali hod, skokove, kretnje i glasove različitih životinja. Posle igranja izvodili su pokrete rukama i palili puzavice i suve grane. Dim se u vazduhu pretvarao u hiljade figura koje su nestajale kad bi kroz njih provukli ruke. Jecali su nad plamenovima. Zatim su izvodili prividno spaljivanje samih sebe. Bakljama su palili svoje meso. Svuda se širio opor miris. Tela su im gorela kao da su bila od smolastog drveta. Kad to niko nije očekivao ponovo su se pojavljivali, zdravi i čitavi, bez rana i s osmehom na licu. Malo posle, u novim vežbama, kao besni neprijatelji, rastrzali su jedan drugog dok ne bi pali mrtvi. Prvi koji se ponovo pojavio, kao da nikad nije pretrpeo ni najmanji prelom, oživljavao je drugog koji je još uvek bio s one strane nevidljivog. Oni iz Šibalbe, nisu znali šta da rade ni šta da misle, dok su to posmatrali. Gubili su se u pretpostavkama. Jedni drugima saopštavali su ono što su videli. Ubrzo, ovi događaji bili su saopšteni gospodarima tog mesta. Hun Kame i Vukub Kame rekli su:

– Ko bi mogli biti ovi prosjaci koji čine takva čuda?

Oni koji su to činili odgovoriše:

– Nikada nismo videli takve ljude. Izgleda da su stranci koji su došli iz udaljenih krajeva. To što čine izaziva divljenje i čuđenje.

Hun Kame i Vukub Kame dodadoše:

– Recite im da dođu ovamo. Kažite im da želimo da vidimo svojim očima umetnosti koje su doneli i koje izvode.

Glasnici odoše u potragu za prosjacima. Ovi su čuli poruku, ali rekoše da neće ići nikuda, da im je dobro tamo gde su, i da nisu voljni da uveseljavaju nikoga. Tako rekoše:

– Znajte da ne želimo da idemo. Osim toga, stidimo se svoje bede i dronjaka. Ne želimo da se pojavimo pred gospodom. Naša prljavština i mršava i koščata tela izazivaju žalost koja nas boli i muči. Zato kažemo da se nećemo pojaviti pred gospodom koja nas zovu. Učiniti to bila bi drskost. Možda gospoda ne znaju da smo mi samo igrači putujućih opsenara koji svoje veštine izvode pred običnim svetom. Kad bismo se pojavili pred takvom gospodom šta bi rekli siromasi iz ovog kraja s kojima smo se saživeli? Pomisliće da smo ih izdali. To ne možemo da učinimo ni da dopustimo zbog svojih osećanja. Naše mesto je ovde a ne drugde. Sigurni smo u to.

Ali službenici ih ne poslušaše, ismejaše njihovo prenemaganje, njihov obzir i njihove reči. Nastojali su na zapovesti gospodara Kame. Mladići su se i dalje odupirali. Ali na kraju su bili pobeđeni. Morali su da idu protiv svoje volje. Posrtali su kao da su pijani. Na svakom koraku zaustavljali su se da se odupru nasilju koje je nad njima vršeno. Čak je u jednom momentu izgledalo da su odlučno želeli da se pobune i vrate na reku. Da ne bi zaostajali i da bi išli brzo, tukli su ih kao da su životinje. Tako izmučeni stigoše pred gospodare Šibalbe.

Pred njima su ih ponižavali, bičujući ih i cepajući im dronjke. Obraćali su im se nadmeno i besno. Mladići su se ponašali kao da ne znaju šta da čine. Pokrivali su lice rukama da bi, koliko su mogli, prikrili ono što su u stvari mislili o toj surovoj gospodi. Niko nije mogao da sazna ko su bili, a još manje šta su nameravali da učine. Izgledalo je da se sami sebe stide. Gospodari Kame im rekoše:

– Pričali su nam da znate da izvodite neobične čarolije.

– Tako kažu, ali ne želimo da ih izvodimo jer se od njih ljudi plaše, a kad se ne plaše, smeju se, a to nas vređa.

– Dobro ćemo vam platiti ako ih izvedete.

– Ne razumemo se u novac.

– Niko se neće uplašiti niti će se ko smejati onom što izvodite. Radite šta vam padne na pamet; osim toga, mi to hoćemo, željni smo da posmatramo vaše čarolije.

– U redu, učinićemo ono što od nas tražite – odgovoriše utučeni mladići.

– Odavde ćemo vas posmatrati – dodadoše gospoda.

Onda prosjaci počeše da izvode čarolije. Počeše izvoditi igre kojima su oponašali životinjske glasove, režanje, skokove i pokrete. Ljudi su se zabavljali gledajući toliku veštinu i spretnost. Nisu znali šta da kažu. Kad su mladići prestali da igraju, gospoda im rekoše:

– Sada raskomadajte jednu životinju i posle je oživite.

– Donesite neku, bilo koju – odgovoriše.

Donesoše jednog kojota, mladići ga ubiše, postaviše ga uz jedan stub, i, u jednom trenutku, vukući ga za noge, za njušku, za uši i za rep, raskomadaše ga i on nestade. Ni traga od njega ne ostade. Za tren učiniše da se ponovo pojavi. Oživeli kojot zamaha repom i podiže nos kao da mu se ništa nije desilo, skoči, trčeći pobeže i nestade u planinama. Svet je bio zapanjen.

– Sada spalite jednu kuću, a da svet koji je unutra ništa ne oseti – zapovediše gospoda.

Tako i učiniše. Približiše se jednoj kolibi od šaše u kojoj su bili starac i starica. Zatvoriše vrata i prozore i zapališe je. Plamenovi su brzo rasli, dostigli su čak visinu drveća. Pošto je sve izgorelo, posmatrači su mogli da vide, na zgarištu, stare iz kuće, mirne, tihe, kako pričaju, kao da se ništa nije desilo, kao da nisu ništa videli, čuli ni osetili. Čak ni dima oko njih nije bilo.

Gospoda ponovo rekoše:

— Ubijte nekoga od ovih ljudi. Ubijte ga, a da mu ne učinite nažao i da ne umre, učinite da vidimo kad oživi.

Tako su i uradili. Uzeše jednog od prisutnih ljudi, popeše ga na neko kamenje, i, u jednom trenutku, samo dodirnuviši ga, iščupaše mu ruke, noge i glavu. Uzeše srce u ruke i podigoše ga. Videvši to, ljudi kriknuše. Zatim oživeše čoveka; on se ponašao kao da mu se nikad ništa nije dogodilo.

Gospoda iz Šibalbe usudiše se da kažu:

— Nestanite vi sami i ponovo se pojavite pred nama. Mladići poslušaše. U jednom trenutku učiniše ono što se od njih tražilo. Išbalamke je raskomadao Hunahpu, iščupao mu je jedan za drugim delove tela. Srce mu je bacio u vazduh i on je ceo nestao. Vruć pepeo pao je na zemlju. Posle toga, pred senkom nestalog, vikao je iz sve snage. Dok je vikao, izgledalo je da će mu pući vratne žile, toliko su nabrekle i pomodrile. Reče gromkim glasom:

— Sada se vrati i digni se:

Hunahpu se vratio prividu života. Svi su to posmatrali i nisu mogli to da ne komentarišu. Svaki put sve manje su verovali u ono što su videli. Zatim Hun Kame i Vukub Kame zaželeše da još više uživaju u tom čarolijskom svetu koji im se pružao, zahvaljujući umetnosti tih prosjaka. Usudiše se da kažu:

— Sada, ako možete, učinite da mi nestanemo; ali zatim, odmah, povratite nas u život.

— Ako tako hoćete, učinićemo.

— To hoćemo.

— Onda nam se približite.

Hun Kame i Vukub Kame približiše se sredini gde su tiho čekali okupljeni ljudi, popeše se na pozornicu i čekahu. Zavladala je mučna tišina. Ubrzo, prosjaci rastrgoše glave Hun Kame i Vukub Kame. Tela im se zateturaše, zaljuljaše se i padoše, kao da su ih udarili maljem. Iz njihovog vrata šiknuo je mlaz krvi koji se prosuo po pozornici, počeo da kaplje prljajući zemlju, tekao je preko kamenja do mesta na kojem su bili drugi ljudi iz Šibalbe. Svi su ćutali. Očekivali su da im gospodari budu oživljeni, ali prosjaci, mirni, ukočenog pogleda, nisu ništa činili niti su davali znaka da će nešto da pokušaju. Krv iz njihovih tela počela je da se zgrušava i crni. Kroz mesto se čuo potmuo i očajnički žamor. On je rastao i naglo se prolomio u hiljade divljih glasova. Zatim su se ljudi uznemirili, ustremili se jedni protiv drugih, sudarili se, isprepletali se i izukrštali ruke. Zbunjeni, teturali su se i uzmicali. Odmah pobegoše i, dok su bežali, jedni su padali, drugi se kotrljali, a neki su nestali. Glasovi bola i besa stapali su se u jedan vapaj. Zatim su prosjaci sišli s pozornice i nasrnuli su na prestravljenu gomilu. One koje su stizali dizali su, bacali ih u rupe ili ih treskali o stabla i stenje. Potrajalo je dok ih nisu sve uništili. Umor im je savladao ruke, a tela su im pocrnela od znoja i krvi. Uskoro, u vazduhu su se čula imena Hunahpu i Išbalamke. Baš u tom momentu grad se potresao do temelja, a bića koja su u njemu ostala pretvorila su se u zarazne klice, đubre i plevu koje je vetar oduvao. Tako se odigrala propast i pogibija ljudi iz Šibalbe. Nestali su kao ljudska bića i bili su pretvoreni u nežive i bezvredne stvari. Niko ih se više nije plašio niti ih obožavao. Zlo koje je u njima živelo toliko vremena bilo je uništeno i pobeđeno zauvek. Čak ni uspomena na njih nije ostala. Nalet prašine ih je zbrisao. Zatim su Hunahpu i Išbalamke otišli u zemlju Pukbal Ćah, gde su bili sahranjeni Ahpu. Tamo su im postali slični u licu, očima i u osećanjima. Tamo su takođe upoznali tajnu svog srca. Zatim su Hunahpu i Išbalamke rekli vetru koji je zastao da ih čuje:

– Mi smo osvetnici smrti. Naše potomstvo neće nestati sve dok postoji zvezda Danica (planeta Venera).

Pošto su to rekli, Uragan je braći udahnuo srčanost, i oni su se digli iznad zemlje. Jedan je otišao prema suncu, drugi prema mesecu. Taman prostor neba ispunio se svetlošću. Zatim su se mladići, koji su umrli zbog Zipaknaove zlobe, pretvoreni u zvezde, popeli da im prave društvo. Otada, svetle besmrtnom svetlošću.

Hijeroglifsko stepenište u Kopanju (Honduras)

Oltar u Hramu krsta

Pogovor

Šišmiš je bio krovni ornament

Postoje različite hronologije koje se odnose na srednjoameričke kulture. Istraživači se, međutim, uglavnom slažu da je najstarija olmečka kultura počela da se razvija tri hiljade godina pre n. e. Godine 1521. dolazi do pada Asteka pod vlast Španaca i ta godina smatra se krajem prehispaničkih kultura. U tom vremenskom razdoblju postojala je u Srednjoj Americi visoko razvijena civilizacija, koja se obično naziva pretkolumbovska. Obuhvatala je oblast poluostrva Jukatana i oblasti države Ćiapas gde su živele Maje, ali su plemena Maja obitavala i u Gvatemali, Belise, Hondurasu i San Salvadoru. Poreklo ovih kultura još uvek je zagonetno. Neki naučnici smatraju da je ono izvorno američko, drugi tvrde da je egipatsko, rimsko, jevrejsko ili azijsko, tj. indijsko.

Hronološki i duhovno prehispaničke kulture veoma su slojevite. Počeci srednjoameričkih kultura vezuju se za Olmeke, koji su već imali hijeroglifsko pismo, aritmetički sistem i kalendar. Značajna kultura jeste i Teotuakan, čije su glavne konstrukcije Piramida Sunca i Meseca, kao i Kecalkoatla. Kultura Teotiuakana obeležava početke gradskog života, izgradnju piramida, monumentalno slikarstvo, skulpturu i keramiku. Posle značajnih kultura Zapoteka i Misteka, sledi kultura Tolteka sa središtem u Tuli, gradu piramida, palata i atlanta-stubova u obliku ljudske figure. Kultura Maja, čiji su gradovi tajanstveno napušteni dala je značajna nalazišta: Palanke, Kopan, Majapan, Bonampak, Ušmal i Ćićen Ica, grad Kukulkana, tj. Kecalkoatla, Pernate Zmije.

Svim ovim kulturama zajednička je razvijena astronomija, kalendar, pismo, veština tkanja, darovitost u likovnim umetnostima i ličnost Kecalkoatla. Za ovu središnju figuru kulture naroda Srednje Amerike vezuju se istorija i mit. Pod imenom se podrazumeva i božanstvo i sveštenik njegovog kulta, a i vladar Tule i Tolteka odakle je prešao na Jukatan, Majama.

Popol Vuh je sveta knjiga plemena Kiće, jednog od plemena Maja iz Gvatemale. Ova knjiga prenošena je usmenim putem sve do 16. veka, a bila je zapisana i hijeroglifima, ali taj primerak je izgubljen. U 16. veku prvi ju je zapisao, latinicom, na jeziku Maja Kiće, jedan domorodac. Njegov rukopis pronašao je u 18. veku španski sveštenik Fransisko Himenes u crkvi Svetog Tome iz Ćićikastenanga, jednog od gvatemalskih sela: Himenes je spasao rukopis od uništenja i preveo ga na španski.

Moguće je da je *Popol Vuh* bio i proročka knjiga, kao i *Ćilam Balam*, druga značajna knjiga koju su ostavile Maje sa Jukatana. U jednoj verziji *Popol Vuha* stoji: „Veliki i čudesni su bili moćni kraljevi Gukumac i Kotuha. Oni su znali da li će biti rata i sve im je bilo jasno pred očima; videli su da li će biti gladi ili smrti, da li će biti svađa. Dobro su znali gde to mogu da vide, jer je postojala knjiga koja se zvala Popol Vuh."

Popol Vuh, na jeziku Maja Kiće, znači „skup dostojanstvenika i kuća u kojoj se oni okupljaju". Najveći dostojanstvenici plemena Kiće imali su zvanje – Ahau, tj. gospoda, i titulu Ah-hol-pop, što znači – onaj koji se nalazi na čelu asure. O dužnostima velikodostojnika Maja Kiće društva istaknuti majolog Silvanus Morlej piše: – Kaže se da su pomagali gospodarima u upravljanju narodom i da se pomoću njih narod približavao gospodarima. Bili su savetnici u spoljnoj politici i radili su na saradnji s drugim državama. Govori se da su bili upravnici Popolne, kuće u kojoj su se okupljali ljudi koji se bave javnim poslovima i koji su učili plesove za narodne svetkovine.

Pleme Kiće ima svoj sopstveni pojam istorije kao mitoistorije i smatra da su njihovi mitovi u isto vreme istorijska svedočanstva. Fransisko Himenes počinje svoj prevod *Popol Vuha* na španski objašnjenjem da – istorija porekla Maja Kiće, iz jedne provincije Gvatemale, poistovećuje se sa mitovima, koji su osnova kulturne svesti.

Silvanus Morlej objašnjava veliku važnost kukuruza u kulturi Maja – ako se dobro prouči, sve što su radili i govorili domoroci, bilo je u vezi sa kukuruzom. Tolika je bila njihova opčinjenost kukuruzom da su zbog kukuruznog polja zaboravljali žene i decu i svako drugo zadovoljstvo, kao da je kukuruz njihova poslednja svrha i sreća.

Maje su raj zamišljale kao nepregledno kukuruzno polje. U *Popol Vuhu* prva četiri čoveka plemena Kiće stvorena su od kukuruza pomešanog sa vodom, od čega se i danas pravi obredno piće.

Maje su kao i Asteci upražnjavali ljudske žrtve. Arheolozi su našli kosture ljudskih žrtava na dnu bunara u Ćićen Ica. Saagun je ostavio podatke o žrtvovanju devojaka odsecanjem glave na početku žetve kukuruza, pa je ova žrtva predstavljala mlad kukuruz. Sedamdeset dana kasnije, na završetku žetve, žrtvovana je žena koja je predstavljala – majku, odnosno zreo, već požnjeven kukuruz. Iz *Popol Vuha* vidi se da su bogovi, naročito Tohil, tražili ljudske žrtve od svojih podanika.

Jedan od važnih motiva u *Popol Vuhu* jeste i igra loptom; ona je kod Maja imala obredni karakter i ponekad se završavala žrtvovanjem igrača koji su izgubili igru. Istraživači navode da je igra loptom potekla u Olmečkoj kulturi, a zatim je prešla u sve srednjoameričke kulture, tako da su je i Maje upražnjavale, kako se vidi iz *Popol Vuha*. U svim većim gradovima Maja kao što su Ćićen Ica, Kopan, Ušmal, i drugi, postoji očuvano igralište za igru loptom. Igralište je imalo izdužen pravougaoni oblik, a sa dve strane nalazila su se sedišta za gledaoce. Na sredini dvorišta, ili sa obe strane, deset metara visoko od zemlje, bio je obešen drveni ili kameni prsten kroz koga su igrači morali da proture loptu. Lopta kojom se igralo bila je od kaučuka, petnaestak santimetara u prečniku, otprilike kao lopta za kuglanje. Na osnovu nekih kodeksa, starih knjiga, saznaje se da su igrači odbacivali loptu laktovima i kukovima, a ponekad su se služili i palicama koje su držali u rukama. Bilo je teško i smatralo se podvigom ubaciti loptu u prsten, jer se ruke nisu smele koristiti pri igri.

Iako su gradovi Maja napušteni, a ruševine ostataka arhitekture prekriva tropska vegetacija, potomci Maja i danas govore nekim od dijalekata Maja i, do izvesne mere, slede prehispaničke običaje sinkretizovane sa hrišćanstvom.

Jelena Galović

Sveta knjiga Maja
POPOL VUH

Izdavačko preduzeće *RAD a.d.*
Beograd, Dečanska 12

Glavni urednik
Jovica Aćin

Za izdavača
Zoran Vučić

Lektor i korektor
Miladin Ćulafić

Design
Nenad Čonkić

Realizacija
Aljoša Lazović

Priprema teksta
Grafički studio *RAD*

Štampa
BUDUĆNOST Novi Sad

Glava mladog boga kukuruza

CIP – Каталогизација у публикацији
Народна библиотека Србије, Београд

291.13(=972.6)

Света књига Маја
Popol Vuh / Sveta knjiga Maja ; [prevela po verziji Ermila Abreua Gomesa, sa španskog Jelena Galović]. – Beograd : Rad, 1998 (Novi Sad : Budućnost). – 120 str. ; 20 cm. – (Biblioteka Pečat)

Prevod dela: *Las leyendas del Popol Vuh* / contadas por Ermilo Abreu Gomez. – Str. 115-117/: Pogovor / Jelena Galović.

ISBN 86-09-00609-3
1. Гомез, Ермило Абреу
299.77
а) Попол Вух
ID=68869900

www.ingramcontent.com/pod-product-compliance
Lightning Source LLC
Chambersburg PA
CBHW071729090426
42738CB00011B/2427